Endlich bei mir an

Das Lese- und Übungsbuch für alle M
Weg zu ihrem eigenen erfüllten Lebε.. ·ε...
möchten!

Das Buch:

Hast du immer schon Antworten auf die Fragestellungen deines Lebens gesucht? Wie wäre es, wenn du dir stattdessen einmal selbst neue und interessante Fragen stellen darfst? Schau dir anstelle einer genauen To Do Liste die Fragestellungen und Übungen an, die dich auf den Weg zu dir bringen können. In diesem Buch ist der vielleicht behutsamste Weg zu einem neuen Selbst vor allem aus einem Grund niedergeschrieben: es geht darum, dass du mit Freude einen neuen Weg gehen lernst, der in deinem Tempo dazu führt, dass du dein Leben verändern kannst. So ist es dir möglich, aus Überzeugung und anhand von Erfahrungen neue Erkenntnisse zu sammeln, die dein Leben bereichern können. Zwinge dich nicht zu einem neuen Leben. Frage dich lieber, was gut für dich ist und dann integriere es.

Der Autor:

Arno Ostländer, Jahrgang 1968, ist ein aus Radio, TV und Presse bekannter Coach und Berater, der beispielsweise als Experte für Zeitungen schreibt und im TV unter anderem tätig war als Berater von Silvia Wollny (Die Wollnys - Eine schrecklich große Familie). Darüber hinaus bloggt er zu vielen interessanten Themenbereichen und ist in vielen Medien gefragter Interviewpartner. Der Versicherungsfachwirt und frühere Vertriebstrainer hat kurz nach erreichen seines vierzigsten Lebensjahres aus einer tiefen Lebenskrise heraus sein Leben auf neue Beine gestellt. Er hat seither zahlreiche Ausbildungen absolviert und sehr viele berühmte Persönlichkeiten getroffen, mit denen er gearbeitet hat. Sein Ansatz ist hypnosystemisch, lösungsorientiert und konstruktivistisch.

Er arbeitet mit Einzelpersonen, Familien, Gruppen und Firmen im niederländischen Vaals bei Aachen.

Seine Internetseite: www.paramedius.com

Endlich bei mir angekommen!

Das Lese- und Übungsbuch für alle Menschen, die sich auf den Weg zu ihrem eigenen erfüllten Leben voller Liebe machen möchten!

Geeignet für Anfänger und immer Fortgeschrittenere auf dem Weg zum wahren Selbst, der Liebe zu sich und anderen Menschen und einem Leben aus dem Herzen heraus. Mit wichtigen Elementen aus Buddhismus, Taoismus, Quantenheilung, NLP und Psychotherapie in verständlicher Sprache und mit praktischen Anleitungen.

www.paramedius.com

Titel der Originalausgabe: Endlich bei mir angekommen!
© Paramedius B.V., vertreten durch Arno Ostländer, Vaals 2013
Alle Rechte vorbehalten

Autor: Arno Ostländer
Lektorat: Melanie Meinhart und Monika Holstein
Bilder von Arno Ostländer: Brigitte Averdung-Häfner
Umschlaggestaltung und Layout: Arno Ostländer

CreateSpace Independent Publishing Plattform

ISBN-13: 978-1496147011
ISBN-10: 1496147014

Paramedius B.V., Maastrichterlaan 28C, 6291 ES Vaals, Nederland
Bestuurder (Director, Geschäftsführer): Arno Ostländer
www.paramedius.com

Allgemeine Hinweise

Bei gesundheitlichen Beschwerden konsultieren Sie bitte Ihren Arzt oder Heilpraktiker. Nehmen Sie Medikamente oder alle anderen (Heil-)Mittel nur nach Absprache mit einem Heilpraktiker, Arzt oder Apotheker ein. Verwenden Sie Informationen aus diesem Buch nicht als alleinige Grundlage für gesundheitsbezogene Entscheidungen. Das Buch ist eine Meinungsäußerung des Autors und seiner Co-Autoren und könnte trotz bester Absichten ganz oder teilweise falsch sein.

Inhaltsverzeichnis

Vorwort

In Liebe für meine Tochter Lea

Vorwort

Gleich vorweg sage ich dir, dass ich in diesem Buch mit einem Tabu brechen werde. Ich werde dir verraten, was das Geheimnis des Tao ist. Das wurde oftmals geheim gehalten und dadurch ist Buddhismus hierzulande etwas sehr Religiöses und Okkultes. Der Buddhismus selbst sieht sich jedoch eher nicht als Religion, sondern als eine Lebensphilosophie, was mir gesund erscheint. Das Tao oder das „Wu Wei", die Erleuchtung, ist sehr nützlich für dich. Es muss jedoch ohne bestimmten Zweck und ohne Motiv gesucht werden, sonst funktioniert es nicht. Das erscheint in meinen Augen logisch. Wer erleuchtet sein möchte, um ein materielles Ziel zu erreichen, der kann nicht erleuchtet sein. Also lade ich dich ein, dieses Buch zu lesen, um ein besserer Mensch vor deinen eigenen Augen und der Welt zu werden. Du solltest nicht nach Reichtum, Weisheit oder nach materiellen Dingen streben. Denn so steigen die Möglichkeiten, genau dieses Ziel zu erreichen.

Gib dir die Chance, ein glücklicher und freier Mensch zu sein und anderen Menschen Glück und Freiheit zukommen zu lassen. Auf dem Weg dorthin kommen wir zu der vielleicht wichtigsten Frage: Wer bist du eigentlich? Bist du ein ganz normaler Mensch, der immer wieder mal über sein Leben stolpert, oder der gerade total verzweifelt auf der Suche nach sich selbst ist? Wenn du gerne in einfachen Worten erfahren möchtest, wie du die Werte des Buddhismus in deinem Leben umsetzen kannst, dann könntest du hier richtig sein. Ich rede nicht nur per DU mit dir, sondern in ganz normaler Sprache. Das ist manchmal etwas böse oder witzig - vielleicht auch manchmal beides. Manchmal bist du vielleicht zu Tränen gerührt, so wie ich es auch gerade bin. Das gehört zu unserem Leben, zu deinem und zu meinem.

Gleich zu Beginn möchte ich dir sagen, dass auch ich nicht vollkommen erleuchtet bin. Das ist auch nicht wichtig. Vielleicht wirst du nie erleuchtet sein. Aber vielleicht wird auch dir das egal, wenn du beginnst, dieses Buch zu lesen und zu verstehen. Erleuchtung, Erfolg und Reichtum stellen sich eher selten ein, wenn du danach strebst und suchst. Sie stellen sich eher dann ein, wenn du dich den Dingen widmest, die größer und wichtiger sind als du selbst und die keine materiellen oder egoistischen Ziele beinhalten. Es geht darum, dass du einfach du selbst bist und danach suchst, dich zu vervollkommnen. Du wirst vielleicht auch merken, dass du immer weiter kommst auf deinem Weg und jeder Schritt zu dir hin gut ist. Auch jede „Ehrenrunde" gehört zu dir und ist gut. Bitte gib dir die Zeit, die du benötigst.

Irgendwann wird das Tempo auf einmal von ganz allein unmerklich zunehmen.

Ich möchte dir einige psychologische Methoden, das Tao, den Buddhismus und einige Techniken aus der Quantenheilung auf eine einfache und effektive Art etwas näher bringen. Es wird dir sicherlich recht schnell klar, dass es nur eine Wahrheit geben kann, egal wie du sie nennst. Du wirst einen Weg zu dir beschreiten und du gehst ihn in deinem Tempo, so wie es für dich richtig ist.

Am besten ist es, wenn du dieses Buch vollkommen unverkrampft in die Hand nimmst. Vielleicht schaust du dir die Kapitel des Buches Stück für Stück an und prüfst, was du persönlich damit anfangen kannst und welche Fragen zu welchen Gedanken führen können. Dein Leben könnte durch dieses Buch neue Dimensionen von Lachen und Freude finden. Ich hatte bereits mit dem Schreiben begonnen, als ich die Tickets für meinen Besuch beim Dalai Lama gelöst habe. Er wird eine der vielen berühmten, wichtigen und interessanten Persönlichkeiten sein, denen ich begegnet bin in meinem Leben. Vieles von meinem Wissen habe ich mir von wichtigen Persönlichkeiten angeeignet. Fragen, wie du sie dir vielleicht stellst, habe ich mir auch gestellt und meine eigenen Antworten gefunden. Ich wünsche dir viel Freude und von ganzem Herzen, dass du findest wonach du suchst, wenn du das Suchen besser kennengelernt hast.

Ich schreibe vor allem über das, was mir aus der tiefsten Krise meines Lebens geholfen hat und was ich immer wieder selbst benötige: „You teach best, what you need most." Ich bin nicht besser als du. Vielleicht habe ich einfach nur früher begonnen, nach etwas zu suchen.

Meine Absicht ist es, dir ein Leben voller „würde" zu zeigen, voller „würde", „hätte" und „könnte". Der Konjunktiv ist ganz bewusst Teil des Buches. Ich habe nicht vor, dir in Stein gemeißelte Weisheit mitzugeben, da ich nicht der Verkünder der einzig wahren Botschaft bin. Mir geht es darum, dass ich dir Vorschläge mache, dich zu etwas anregen möchte und dich einladen mag, dir Fragen zu stellen. Ich möchte dich dazu anregen, dass du deine Antworten findest und nicht Weisheit nachlebst, die dich nicht erfüllen kann, weil sie nicht aus dir selbst heraus entsteht. Das ist der Ausdruck meines Respektes vor dir und dem Leben, das du bist jetzt führst. Darüber hinaus möchte dich dazu anregen, deine eigenen neuen Wege zu finden, die zu dir passen und dich ermutigen, neue Erkenntnisse zu sammeln. Diese kannst du dann nach und nach in dein Leben integrieren. Das geht nur auf deine persönliche Weise, denn wir reden von deinem Leben. Was man von außen betrachtet als „Fehler" bezeichnen könnte, ist oftmals bereits der Versuch, ein Problem zu lösen. Höhenangst lässt dich die Höhe meiden oder eine soziale Phobie hält dich von anderen Menschen fern. Dein jetziges Verhalten schützt dich davor, an diesem Punkt Schaden zu erleiden.

Ich bin der festen Überzeugung, dass es sich hier nicht um Unsinn handelt, sondern um derzeit wichtige Schutzmechanismen, die du erst dann ändern kannst, wenn du genügend Kraft gefunden hast, den dafür nötigen Mut aufzubringen. Gehe so schnell du kannst und hab´ Freude und Respekt auf deinem Weg in „würde", „hätte" und „könnte".

Übrigens: Die Kapitel 22 bis 26 sind konkreter als der Rest des Buches, weil das Thema Partnerschaft und dessen hier beschriebene wichtigste Kernpunkte Sexualität und Untreue aus meiner Sicht eine etwas andere Herangehensweise benötigen.

Vaals, Aachen und Bad Herrenalb im März 2014

1. Nicht zu handeln ist eine Kunst, die du lernen kannst

"Ein Diamant ist ein Stück Kohle, das Ausdauer hatte!"
Louis Tiffany

Die ersten Kapitel sind eine Einleitung in ein Umdenken, das konkreter werden wird. Bitte versuche nicht, mehr von dir zu erwarten, als du gerade empfindest. Du musst nichts können und nicht weise oder erleuchtet sein und es ist auch nicht wichtig, dass dir die Dinge, die ich dir vorstelle, sofort einwandfrei gelingen. Du darfst an diesem Buch gerne wachsen und dir etwas Zeit dazu nehmen. Am Ende wirst du überraschend viele Worte verstehen, wenn du einfach dein eigenes Tempo als Maßstab des Erfahrens und Verstehens nimmst. Jeder Mensch kann es mit diesem Buch schaffen, sich selbst kennen und lieben zu lernen. Dabei ist es nicht wichtig, ob du ein wenig mehr oder weniger Zeit brauchst. Freiheit ist das Ziel und dieses Ziel kannst du nicht erzwingen.

Du denkst, du bist ein freier Mensch. Stimmt das? Worin bist du unfrei? Hast du dir diese Frage einmal gestellt? Es könnte sein, dass du mehr findest, als du möchtest. Alles in unserem Leben ist an Bedingungen geknüpft und überall wird viel von uns erwartet. Ich selbst war als Kind in der fünften Klasse über eine zwei plus traurig, und ich kenne ein zehnjähriges Mädchen, das wegen eines Fehlers in einer Arbeit bittere Tränen geweint hat. Ich kenne ein Model, das sich nicht mehr perfekt fühlt, obwohl es von überragender Schönheit ist. Ganz viele Menschen kenne ich, die sich selbst nicht gut genug sind und die keinem Anspruch genügen können, weil sie sich überall verpflichtet und gebunden fühlen.

Seit 2012 lebe ich beispielsweise vegan und hatte mich gefreut, Menschen kennenzulernen, die offen und respektvoll sind. Habe ich aber zugegeben, dass ich gelegentlich Parmesan bzw. einen guten Käse esse und meine Lederschuhe nicht in den Müll geworfen habe, wurde ich oft wie ein Aussätziger angesehen. Solche Erlebnisse kenne ich von früher Kindheit an. Menschen stellen Regeln auf und erfinden Klassifizierungen, in die mich einzureihen hatte. Das System, in dem ich aufgewachsen bin, fördert keine Flexibilität, sondern stellt nur wenige Alternativen zur Verfügung. Ist das Freiheit? Ganz sicher nicht. Wir befreien uns oftmals von Zwängen, indem wir uns in ein anderes Gefängnis begeben. Zudem leben wir nicht mehr unter dem Diktat der Lebensmittelindustrie, sondern jetzt unter dem des

„Veganseins". Überall gibt es Spielregeln und Menschen, die sich daran halten. Diese Regeln haben meines Erachtens jedoch zu wenig Aufrichtigkeit oder Menschlichkeit. Es geht um Zwang, Norm, Vereinfachung und Klassifizierung: also um Schubladen. Diese sind wichtig für uns. Müssen sie das sein? Ich bin der Überzeugung, dass uns genau das krankmacht, seelisch wie körperlich. Viele oder vielleicht sogar alle Ängste, Sorgen und Nöte erzeugen wir selbst, weil wir Ansprüchen genügen müssen, die wir niemals definiert, sondern einfach übernommen haben. Wir testen nicht was wir lernen, sondern übernehmen Glaubenssätze anderer Menschen durch Erziehung, Umgang und Sozialisation. Wir erlernen, woran wir glauben und denken, aber wir nehmen dabei nicht den Kontakt zu uns auf. Wie viel „Veganer", „Pazifist" - oder was auch immer - bin ich eigentlich? Muss ich immer von einem Lager in das Gegenteil wechseln? Bin ich schlecht, weil ich nicht vegan lebe oder dumm, weil ich Fleisch esse, oder muss ich einen besonderen Schulabschluss haben, damit ich ein guter und kluger Mensch bin?

Was ist eigentlich Realität? Real ist für jeden Menschen eine andere Wirklichkeit. Das glaubst du nicht? Natürlich glaubst du das nicht, denn du lebst deine eigene Realität. Was aber ist an deiner

Wahrnehmung real? Du bist doch sicherlich der Meinung, dass einige Menschen dich verletzt haben und dir böses wollten. Das kenne ich nur zu gut aus meinem Leben. Ich möchte dich einladen, eine andere Position einzunehmen. Was wäre, wenn du einmal anders auf den gleichen Sachverhalt schaust? Dann kannst du vielleicht auch andere Bewertungen der gleichen Sachverhalte bzw. Situationen kennenlernen. Frage zum Beispiel einmal 100 Menschen, die den gleichen Vergnügungspark besucht haben. Selbst wenn sie am gleichen Tag die gleichen Attraktionen in der gleichen Reihenfolge besucht haben, wirst du 100 unterschiedliche Antworten bekommen. Jeder von ihnen hatte seine eigenen Eindrücke, seine eigenen Vorlieben und hat sich an Scheidewegen anders entschieden, aus welchen Gründen auch immer. Du kannst lernen, selbst verschiedene Blickwinkel einzunehmen, bis du merkst, dass diese Bewertungen genau das sind, was deine Probleme erschafft. Das wirst du nach und nach kennen, verstehen und umsetzen lernen.

Was wäre, wenn ich nun behaupte, dass viele unserer Sorgen und Probleme überwiegend ein Zeitproblem sind? Wenn wir bereit wären, in der Gegenwart zu leben, wären viele unserer Ängste und Probleme gelöst, da bin ich mir ziemlich sicher. Wir würden vielleicht alle unsere Probleme lösen können, indem wir Hier und Heute leben und wach und aufmerksam allen Dingen begegnen. Das klingt im ersten Moment für viele Menschen nach vollkommenem Blödsinn und das verstehe ich. Das kann doch nichts mit der Realität zu tun haben. Stimmt, mit deiner Realität hat das Hier und Jetzt nichts zu tun. Deine Realität ist jedoch nicht die „objektive" Wirklichkeit. Objektivität ist wirklich schwer zu erreichen, aber deine Realität hat extrem wenig mit einer objektiven Sichtweise zu tun. Wir haben gelernt, was für uns stimmig und real ist. Erst dann, wenn du bereit bist, dieses Muster in Frage zu stellen, kommst du weiter. Nur wenn es für dich möglich ist, dass du nicht in der einzig existenten Realität lebst, ist es möglich, dass du dich weiter entwickelst. Wenn du nach und nach lernen möchtest, wie verschiedene Standpunkte die Bewertung des Erlebens verändern, wirst du eine ganzheitlichere Sicht kennenlernen. Diese wird sehr viele Belastungen von dir nehmen können. Ich vergleiche es gerne mit einem blinden Fleck in unserer Wahrnehmung. Menschen, die im Zentrum ihres Auges eine Störung des Sehvermögens haben, erleben an dieser Stelle einen blinden Fleck. Hier passt das Gehirn durch Interpretation die Umgebung so an, dass man nicht erkennt, was wirklich an der „defekten" Stelle, mit der das Auge korrespondiert, sichtbar ist. Sollte ein kleines Bild auf einer weißen Wand hängen, so können Menschen mit diesem

Handicap teilweise nur die weiße Wand sehen. Sie erhalten nicht die ganze Information. Genau das ist es, wie wir die Welt wahrnehmen. Wir füllen den Raum, in dem wir eine Wahrnehmung machen können mit dem, was wir vermuten. Vorannahmen werden dadurch zur Realität. Wir sind uns sicher, es so erlebt zu haben. Dadurch können uns wichtige Informationen verborgen bleiben. Wenn wir uns die Möglichkeit geben, das Erlebte zu hinterfragen, kann es sich für uns auf einmal ganz anders darstellen.

Meist ist die Lösung so einfach, dass sie uns unmöglich erscheint. Die Umsetzung ist schwierig, weil wir gelernt haben, uns mit den komplizierten Dingen auseinanderzusetzen. Wir machen uns das Leben schwer, obwohl es so einfach sein könnte.

„Wu Wei" ist die chinesische Bezeichnung für das, was wir hier erfahren wollen. Es bedeutet so viel wie „Nichtstun" oder „Nichthandeln". Das ist eigentlich schon alles. Ja, ich bin mir meiner Provokation gerade sehr bewusst, aber genau so einfach ist es. Es geht hierbei nicht um Faulheit oder Bequemlichkeit, sondern nur darum, unserem natürlichen Fluss zu folgen. „Nur" ist hierbei vielleicht ungewohnt oder auch böse, denn genau das kennen wir zumeist gar nicht. Wir passen uns an, bis wir unser Leben nicht mehr ertragen können. Dabei lernen wir nicht kennen, was wirklich Authentizität ist oder Aufrichtigkeit. Wir haben Angst vor solchen Dingen, denn sie machen uns verletzlich. Unsere „Innere Stimme" ist es, auf die wir mehr achten sollten. Die Vorgaben von außen sind nicht wichtig für unser Leben. Glück finden wir nicht, weil man es für uns definiert, sondern weil wir es zulassen können. Es geht darum, den Fluss des Lebens zu erfahren, in deine Gedanken und Gefühle hinein zu spüren und dich einfach selbst zu leben. Zudem braucht es dafür weder Kraft noch Anstrengung irgendeiner Art und es erfordert den Mut, loszulassen und zu vertrauen. Das ist das Nichtstun, um das es geht. Dazu gehört dann der Blick in das Hier und Jetzt der Gegenwart und nicht der in die Vergangenheit und deren Projektion in die Zukunft, denn das erschwert uns sehr viel im Leben.

Angst entsteht beispielsweise niemals im Hier und Jetzt. Du hast zumeist nicht Angst vor dem, was gerade geschieht, zumindest nicht ohne triftigen Grund. Wenn du konkret bedroht wirst, dann ist diese Angst natürlich vollkommen normal. Aber zumeist werden wir nicht in dieser Art bedroht, sondern kennen Ängste aus unserem früheren Leben und projizieren diese Ängste. Wenn du beispielsweise schon einmal erlebt hast, verlassen zu werden, so kann sich diese Angst schnell bei ähnlichen

Situationen neu zeigen. Wenn du als Baby, Kind oder Jugendlicher oft ungewollt alleine gelassen wurdest, wirst du mit Einsamkeit wahrscheinlich auch später ein Problem haben. Wenn du viel Streit zwischen deinen Eltern erlebst, der mit Herabsetzung zu tun hat, dann wirst du sehr empfindlich reagieren in diesem Punkt. Traumata und pathogene Ereignisse prägen uns und beeinflussen unsere Ängste und unsere Neigung zur Depressivität nachhaltig.

Ich habe als Kind oft erlebt, dass meine Mutter, die mich alleine großgezogen hat, arbeiten war und ich habe sie vermisst. Mir wäre lieber gewesen, sie hätte nicht so viel gearbeitet und wir hätten mehr Zeit für uns gehabt, als uns mehr erlauben zu können. So beschloss ich, sie zu begleiten, aber im Auto zu warten. Die Menschen, für die sie arbeitete oder denen sie etwas verkaufte, wollte ich nicht kennenlernen, aber ich wollte in ihrer Nähe sein. Diese Situation hat Ängste vor dem Verlassen werden geschürt, die unter anderem auch mit zum Ende meiner Ehe beitrugen, ohne dass mir das bewusst war.

Du hast durch vorherige Erlebnisse eine Tür in die Vergangenheit offen, in der du an die früher erlebte Verletzung erinnert wirst. Eine weitere Türe öffnet sich in Richtung Zukunft, mit der Sorge, dass du etwas Ähnliches erleben könntest. Du projizierst also die Vergangenheit in die Zukunft. In der Gegenwart existiert jedoch keine Bedrohung, denn die Situation, die du vergleichst, hat nicht zwingend die gleichen Auswirkungen wie damals. Würdest du in der Gegenwart leben und diese erleben, so bestünde kein Grund, etwas Negatives zu empfinden. Du unternimmst aber einen Zeitsprung und dir ist der Augenblick, den du gerade erlebst, nicht wirklich bewusst. Du kommst so niemals zu der einzigen Zeit, die in deinem Leben wichtig ist, dem Jetzt. Es gibt keine andere Zeit als nur das Jetzt. Ich lade dich ein, es kennenzulernen, indem du weiterliest. Ich hätte meine Ehe retten können, wenn ich verstanden hätte, dass meine Frau nicht untreu war, sondern wichtige Bindungen aufrechterhalten wollte, an denen ich hätte teilhaben können. Durch die Angst, verlassen zu werden und vereinsamen zu können, begann ich zu klammern und nicht zu fragen, was ihr wichtig war. Ich sah nur meine Vergangenheit mit meiner Mutter und erschuf mir daraus eine fiktive Zukunft mit meiner Frau. Damit habe ich die Trennung heraufbeschworen. Hätte ich damals die Wirklichkeit wahrnehmen können, wäre das so niemals geschehen.

Nach und nach kannst du es erleben, in der Gegenwart zu sein. Du wirst vielleicht anfangs große

Schwierigkeiten haben, aber diese werden mit der Zeit immer kleiner und unbedeutender. Das ist wichtig für dich und deinen Prozess. Es ist nicht sinnvoll, dass du deine komplette Persönlichkeit aufgibst und alles wegwirfst, was dich ausmacht. Um das Hinzulernen geht es und nicht darum, aufzugeben und alles in einem Schritt gewaltsam zu erneuern. Du wirst sicherlich lernen, das Grübeln aufzugeben und fühlen können, was gut ist für dich und wohin die Reise gerade jetzt geht. Gib dir Zeit, das zu erleben und in deine Persönlichkeit zu integrieren. Du wirst das Wu Wei in dein Leben lassen können, und es wird dich sehr bereichern. Es wird dir wahrscheinlich irgendwann reichen, das Problem, welches direkt vor dir liegt, einfach anzuschauen. Dann wirst du wissen, wie du dich verhalten könntest. Es geht nicht darum, dass du über alles nachdenkst. Du bist viel klüger und weiser als dir klar ist. Deine Intuition ist der Schlüssel zu Glück und Erfüllung. Du kannst es auch „Glaube", „Höheres Selbst" oder „Eingebung" nennen. Die Wahrheit ist bereits in dir und wartet darauf, von dir entdeckt zu werden. Genau diese Chance hast du, und du kannst sie nutzen. Du brauchst keine Auswertungen und kein aktives Grübeln und Handeln, sondern einfach Vertrauen in dein Gefühl und in das, was in dir ist. Es ist alles da, und du kannst es nutzen. Beginne damit, es kennenlernen zu wollen. Etwas Neues brauchst Du nicht zu erlernen. Alles, was du benötigst, hast du schon. Du siehst vielleicht einige der wichtigen Bausteine noch nicht, aber du kannst ja beginnen, deinen Blick einmal umherschweifen zu lassen und dich umzuschauen. Du wirst viel müheloser deinen Weg finden, als du glaubst. Die Kraft, die du am Anfang benötigst, wird immer weniger wichtig. So wie du im Tai Chi lernst, dass du mit immer weniger Aufwand immer mehr erreichen kannst und ganz von selbst zu einem immer besseren Spannungsbogen in dir findest, so wirst du auch hier alles in dir ganz leicht finden und es dir dadurch immer leichter machen können. Eifersucht und die Angst vor dem Verlassen werden sind für mich heute kein Thema mehr. Dadurch habe ich sogar in einer späteren Beziehung ganz klar erkannt, warum eine Trennung nötig war und ein anderer Mann den Vorzug bekam. Wir passten aufgrund unserer unterschiedlichen Persönlichkeiten nicht zueinander, so dass wir beide uns schon auf den Weg gemacht hatten, jemand anderen kennenzulernen. Sie war nur schneller als ich, es zuzugeben. Als ich das erkannte, war ich nicht in der Lage, böse oder verletzt zu sein.

Was dir im Wege stehen wird, ist besonders am Anfang die Gewohnheit, überall gleichzeitig sein zu wollen. Du öffnest der Zeit die Türe und bist zu keinem Zeitpunkt in der Gegenwart. Und ich würde wetten wollen, dass du dich nicht auf eine Sache konzentrierst. Wenn wir essen, müssen wir den Fernseher einschalten und wenn wir in der Natur unterwegs sind, müssen wir unseren MP 3 Player mitnehmen. Wir nehmen uns nicht die Zeit, die einzelnen Dinge mit Aufmerksamkeit zu erledigen. Hast du schon einmal wirklich versucht, etwas zu erledigen und nicht gleichzeitig noch etwas anderes dabei zu tun? Wenn du dich ausruhen möchtest, beschäftigt dich vielleicht schon das, was du gleich oder morgen erledigen musst. Wenn du am Wochenende entspannst, denkst du vielleicht an all die Dinge, die dich nächste Woche beschäftigen werden. Das ist keine Entspannung. Es geht wirklich darum, mit ganzem Herzen etwas zu tun, egal was. Ausruhen, unsere tägliche Arbeit und auch unser Privatleben brauchen unsere Aufmerksamkeit und unsere uneingeschränkte Zuwendung. Wir werden später auch kurz über Liebe, Kinder und Erziehung und andere wichtige Lebensthemen sprechen. Wenn du dein Leben wirklich so leben und im Jetzt genießen kannst, wirst du wunderbare Erfahrungen machen, in allen Bereichen deines Lebens.

Sobald du im Hier und Jetzt lebst, bist du bereits in dem, was als Tao oder Wu Wei bezeichnet wird. Du kannst diesen Zustand erreichen, wenn du dir eine

Chance gibst. Wenn es dich anstrengt, dann aus dem Grund, dass du noch einige Dinge falsch angehst. Das ist erst einmal vollkommen normal, weil diese Dinge deiner Gewohnheit entsprechen. Es ist so, dass wir den Augenblick nicht schätzen, weil wir ihn unterschätzen. Wir haben oft das Gefühl, dass unser Hier und Jetzt nicht lohnenswert ist, weil wir vielleicht nichts an unserer Gegenwart schön finden und des Bewahrens wert. Wir fotografieren gerne, damit wir einfangen können, was wir Schönes erlebt haben. Einfacher und sinnvoller wäre es vielleicht, den Moment zu genießen, denn später schauen wir wahrscheinlich nur noch selten auf unsere Bilder. Im Laufe unseres digitalen Lebens werden die Daten vielleicht sogar unbrauchbar, bevor wir sie noch einmal verwenden können. Der Moment ist jedoch einzigartig und bedarf unserer Aufmerksamkeit. Wenn wir dem Augenblick diese Aufmerksamkeit geben können, dann können wir ihn in vollen Zügen genießen. Dieses Erleben wird dann angstfrei und offen sein. Wir sind einerseits bemüht, uns und die Gegenwart zu unterdrücken, andererseits aber möchten wir sie für spätere Momente archivieren. Das ist nicht das Einzige, was ungewöhnlich ist an unserer Art zu leben. Wir freuen uns auf Dinge, die sich bald ereignen oder wir haben Angst davor. In der Gegenwart gibt es diese Gefühle nicht grundlos. Wir erleben Freude, Trauer, Leid, Schmerz und vieles andere, obwohl es nicht da ist, sondern nur aufgrund einer gedachten bzw. aus den Gedanken konstruierten Erwartungshaltung.

Viele Menschen werden durch das Internet und die Informationsvielfalt krank. Es gibt viele Menschen, die mir erzählt haben, dass sie bei Wikipedia und anderen Internetseiten nachlesen, ob die Diagnose einer schwerwiegenden Krankheit gestellt werden kann. Diese Internetseiten sind nicht immer auf dem aktuellen Stand und auch nicht immer auf Aktualität und Seriosität überprüfbar. Jeder Mensch kann überall etwas schreiben und selbst Fachleute haben unterschiedliche Auffassungen. Die Quelle ist daher oft schon einmal fragwürdig. Aber das ist noch nicht alles. Es sind beispielsweise drei von sieben möglichen Kriterien gegeben, die zu einem bestimmten Krankheitsbild aufgeführt sind. Es müssen jedoch fünf Kriterien erfüllt sein, damit die Diagnose ausgesprochen werden kann und der Psychiater oder Neurologe muss vielleicht noch Tests durchführen, damit eine entsprechende Diagnose gesichert gestellt werden kann. Es reicht dir aber aus, die drei von fünf erforderlichen Diagnosekriterien zu erfüllen. Wenn du nun immer wieder diese Dinge vor Augen hast und auf die fehlenden Symptome schaust, dann stellen sich diese möglicherweise nach und nach ein und die

Erkrankung wird zur selbsterfüllenden Prophezeiung. Ganz nebenbei: diesen Weg kann man übrigens umkehren und sogar dadurch heil werden. Du kannst also auf das achten, was du haben möchtest und das in dein Leben lassen. Ob du dich krank oder gesund machen oder einfach nur du selbst sein möchtest, du kannst es. Ich lade dich ein, dich im weiteren Verlauf damit vertraut zu machen, wie es funktioniert.

Wir sind offensichtlich so sehr mit allem anderen beschäftigt, dass uns die Gegenwart zu sehr überfordern würde. Zudem haben wir ganz unbewusst sehr viel mit der Vergangenheit und der Konstruktion unserer Zukunft zu tun, so dass wir nicht auch noch Zeit für so etwas „Banales" wie die Gegenwart haben. Wir prüfen zuerst einmal, woher wir das kennen, was wir gerade wahrnehmen. Dann werten wir diese Situation aus und verknüpfen sie mit unserem Wunschdenken. Das mag manchmal hilfreich sein, wenn wir uns bei unseren Küchengewürzen orientieren wollen. In vielen Bereichen des Lebens ist es jedoch eher ungeeignet, so auf den Alltag zuzugehen. Weil es nützlich sein kann, aus Erfahrungen zu lernen, verzichten wir auf neue Erlebnisse und Erfahrungen. So wie wir unsere Kochkünste erweitern können, so haben wir die Möglichkeit uns auch erlauben, unser Handeln zu hinterfragen und Handlungsweisen zu verändern. So wie wir unsere Gewürzpalette einmal ganz neu ausprobieren können, haben wir auch die Chance, unsere Mitmenschen anders zu erleben. Nehmen wir die Dinge wahr wie sie sind, können sie manchmal bedrückend wirken. Wenn wir offen sind, sind wir zwar eine Zeit lang unsicher, aber wir können uns bereichern lassen. Momente, die zunächst bedrohlich wirken oder unsicher machen, werden auf diese Weise weniger werden. Es wird immer weniger intensiv und immer weniger belastend. Wie das geht, schauen wir uns in Folge an. Gestatte dir dabei ruhig kleine Schritte, denn dann sind es deine Schritte. Nimm Dir Zeit und Geduld, um dein Leben zu entwickeln. Du wirst merken, dass das Hier und Jetzt auf Dauer sehr entspannend ist. Das Gewohnte ist viel anstrengender als du im Moment noch glaubst. Nicht die Lösung, sondern das Problemerleben kostet Energie, auch wenn dich das noch immer verwirren mag. Je weniger Ehrgeiz du dabei entwickelst, umso schneller wirst du ankommen. Das klingt paradox, ist aber eigentlich ganz einfach. Denn je mehr man sich um etwas bemüht, desto eher scheitert man daran. Das kennst du sicher aus einigen Bereichen deines Lebens, und es ist auch hier nicht anders. Ohne ein bestimmtes Ziel und ohne Motiv wirst du schneller ankommen und die wirklichen Werte erkennen. Versuch bitte am Anfang, dir ein wenig zu vertrauen. Du liest dieses Buch wahrscheinlich, weil du an dir arbeiten möchtest. Hierzu bedarf es nach und nach einiger Veränderungen, die bei dir beginnen. Wenn die Welt nicht bleiben soll, wie sie ist, dann verändere zunächst deinen Blick auf das, was du als Wirklichkeit empfindest. Was sich dadurch ändert, ist nicht die Wirklichkeit oder die Wahrnehmung, sondern die Bewertung. Du wirst nach und nach erkennen, dass du nur eine bestimmte Interpretation der Wirklichkeit in deinem Fokus hattest. Wenn du dazu ein gewisses Zutrauen brauchst, dann übe es doch einmal auf ganz einfache Weise körperlich. Lass dich auf deine Couch nach hinten fallen oder falle in die Arme eines Freundes, der dich auffängt. Genauso wirst du es erleben können, wenn du dich mit der Zeit fallen lassen kannst. So fest, wie deine Couch steht oder dein Freund dich auffängt, wird auch das Schicksal, die Höhere Macht - oder wie du es nennst - auf dich warten und dich auffangen.

Einstein sagte: "Die Definition von Wahnsinn ist, immer wieder das Gleiche zu tun und andere Ergebnisse zu erwarten." Wenn du dich also öffnen kannst und den Versuch wagst, neue Schritte zu gehen, können auch neue Ergebnisse eintreten. Das ist genau das, was du dir wünschst, aber deine Ängste verhindern, dass du dich deinem neuen und wirklicheren Leben öffnen kannst. Fühlt sich das irgendwie richtig an, wenn du das liest und noch einmal darüber nachdenkst? Spüre doch in dich hinein, ob es solche Momente geben kann, bevor du weiterliest.

Das, was man als „Erleuchtung" oder „vollkommenen Zustand" bezeichnet, ist ganz einfach zu erreichen. DU hast bereits alles in dir, was du dazu benötigst. DU siehst es nur nicht, weil du nicht sehen gelernt hast. DU hast es nicht gelernt, verletzbar oder authentisch zu sein. DU brauchst keinen Glauben, keine Sekte, kein Gebetbuch und nichts, was du nicht schon hast. Versuche einfach, die Sätze auf dich wirken zu lassen, die du liest. Natürlich hast du am Anfang nicht mehr die Sicherheit, die dir vertraut ist. Damit fühlst du dich jedoch nicht wirklich wohl, oder? DU bist an einer vielleicht schwierigen Stelle deines Lebens. DU willst etwas Neues kennenlernen und möchtest gleichzeitig noch gerne an deinen alten Mustern festhalten können. Es geht nur leider nicht, denn Veränderung beginnt in dir. Was die anderen Menschen machen, spielt dabei keine Rolle. Es kommt auf dich an, und es ist dein Leben.

Wenn du versuchst, den Dingen des Lebens freien Lauf zu lassen und der inneren Weisheit in dir zu vertrauen, dann ist genau das „Erleuchtung", „Wu Wei" oder wie du es nennen möchtest. Das Göttliche, das Besondere und Weise, das Erleuchtete, es ist in dir. Du suchst es immer auf anderen Wegen und immer bei anderen Menschen, aber du kannst es nur in dir selbst finden, denn dort wartet es schon seit deiner Geburt auf dich. Dein Leben besteht aus der Reise zu dir, in dein Inneres und genau zu dem, was du dort vorfindest. Es war nie weg, du hast es nur nicht gesehen. Gerne möchte ich dich einladen, dich selbst besser kennenzulernen. Genau darum geht es hier. Ich weiß, es klingt noch weit hergeholt, aber wenn du immerhin annimmst, es könnte möglich sein, könntest du wunderbare Dinge in dir finden und dein Leben könnte besser verlaufen als jetzt. Das wäre es wert, oder nicht? Wenn ja, dann lade ich dich gerne auf diese spannende, spirituelle und doch klare Reise ein. Sie ist spannend, sicherlich niemals langweilig, schwierig, aber auch voller Herausforderungen. Diese Reise führt in das Innere deines Selbst und zu deinen wirklichen Werten und deinem Glauben an dich selbst. Wenn du keine Lust mehr hast auf Konflikte, wirklichen Streit, tiefe verletzende Emotionen und Qualen, dann sei herzlich dazu eingeladen. Du wirst wahrscheinlich auch merken, dass die Änderung deines Lebens keine Frage der Zeit ist, sondern die einer konsequenten Haltung. Du kannst dieses Buch und die vorgeschlagenen Prozesse an einem Tag durchlaufen, in einem Monat, einem Jahr oder aber sie nicht in einem ganzen Leben schaffen. Das braucht dich nicht zu entmutigen, denn niemand sagt, du könntest es nicht schaffen. Wenn du aufgibst, hast du schon verloren und wenn nicht, dann gehst du weiter. Je weiter du kommst, desto unbedeutender mag das Ziel werden, aber dadurch erreichst du es schneller. Klingt es jetzt schon besser? Das könnte sein, denn du hast so etwas schon mehrmals gehört. Wenn du es verarbeitest, dann steigern sich deine Erkenntnisse daraus.

Tao, Wu Wei und Erleuchtung, das sind nur Worte. Es braucht keine Religion und keinen Glauben und keine bestimmte Zeitspanne. Es braucht die Bereitschaft, das Steuer des Lebens loszulassen und auf die eigene innere Weisheit zu vertrauen. Es braucht den Mut, den Fuß vom Gas zu nehmen und die Überzeugung, das richtige Tempo schon gefunden zu haben. Es braucht keinen Willen, ein Ziel zu erreichen, sondern den Mut, sich auf den Weg zum eigenen Selbst zu machen. Es geht nicht um deine Vergangenheit oder deine Zukunft, sondern nur um das Hier und Jetzt in deinem Leben.

Übung 1.1 Zehn Fragen

Stelle dir folgende zehn Fragen und achte darauf, wie sich deine Antworten verändern. Gerne kannst du dir die Fragen auch gemeinsam mit Freunden stellen. Sich dabei Zeit zu nehmen, lässt immer mehr Erkenntnisse zu und führt zu fundierten Antworten. Die Reihenfolge ist nicht wichtig. Vielleicht nimmst du ein Notizbuch für die Fragestellungen bzw. Übungen aus dem Buch und schaust, wie sich deine Antworten, die Empfindungen und Gedanken mit der Zeit ändern.

- *Welche zehn Dinge liebe ich an mir?*
- *Wer bin ich und was möchte ich wirklich erreichen?*
- *Was ist wirklich wichtig in meinem Leben?*
- *Was macht mich aus?*
- *Wie sehen mich andere Menschen?*
- *Was möchte ich in meinem Leben verändern?*
- *Was möchte ich in meinem Leben behalten?*
- *Was aus meiner Vergangenheit belastet mich?*
- *Wovor habe ich in meiner Zukunft Angst?*
- *Was wären gute erste Schritte, um etwas zu ändern?*

Übung 1.2 Atemgleichgewichtsübung

- *Kreuze den linken Fußknöchel über den rechten.*
- *Strecke beide Arme nach vorne aus.*
- *Lege den rechten Arm ausgestreckt über den linken und verschränke die Finger ineinander.*
- *Drehe nun die verschränkten Hände nach unten-innen, zuerst zum Bauch, weiter zur Brust und lege sie auf der Höhe des Brustbeins ab.*
- *Atme durch die Nase ein und berühre dabei mit der Zungenspitze den oberen Gaumen.*
- *Während du mit dem Mund ausatmest, lege die Zunge unten auf den Mundboden.*
- *Führe dies etwa zwei Minuten durch, in denen du das Wort „Gleichgewicht" beim Ein- und Ausatmen denkst!*

Übung 1.3 Synchronisationsübung

Setze dich bequem hin und mache vorher noch eine Entspannungsübung. Das könnte sein: die Atemgleichgewicht-Übung aus dem Yoga, Autogenes Training, Progressive Muskelentspannung, Selbsthypnose oder eine Meditation. Oder starte gleich, nachdem du kurz einige Minuten deinen Atem wahrgenommen hast.

Diese Übung nennt sich Synchronisationsübung. Sie wird noch an ein paar anderen Stellen wichtig werden, daher übe sie gerne, damit du später tiefer greifende Erfahrungen machen kannst, die darauf aufbauen.

Spüre nun bitte in deine Hände hinein, nacheinander. Frage dich dabei, was du empfinden kannst. Es muss nichts Bestimmtes sein. Alles ist richtig, so wie du es empfindest. Achte bitte darauf, ob du zum Beispiel Wärme, Kälte, Anspannung, Schmerz oder einen Pulsschlag fühlst. Wo machst du diese Empfindungen, ist es in einem oder mehreren Fingern oder an einer bestimmten Stelle deiner Hand, wie unter der Haut? Nimm einfach nur wahr und lass gerne alle Gedanken und Empfindungen zu. Widme dich nach kurzer Aufmerksamkeit wieder deiner Beobachtung der Hand/Hände.

Zuerst beginnst du bitte bei der linken Hand. Nimm Sie einfach ca. 2-3 Minuten wahr.

Dann achte bitte auf die rechte Hand, auch hier ca. 2-3 Minuten.

Nun bitte nimm wieder zuerst die linke und dann die rechte Hand wahr, aber nur circa eine Minute.

Nun spüre bitte in beide Hände hinein, bis du den Eindruck hast, dass das Gefühl sich in beiden Händen anzugleichen beginnt.

Nun komm wieder mit deinem Bewusstsein nach außen und öffne die Augen.

Diese Übung kannst du gerne mehrere Male am Tag wiederholen. Du wirst merken, dass es dir immer besser damit geht.

Diese Übung wird eine Balance möglich machen, mit der du viele Dinge ausgleichen kannst. Es hilft sehr gut, sich damit vertraut zu machen. Bitte versuche nicht, die Zeit der Übung möglichst lang werden zu lassen, sondern eher die Übung öfter durchzuführen. Wenn du merkst, dass deine Gedanken zu sehr abschweifen, dann beende die Übung etwas schneller. Ist es nicht der Fall, nimm dir gerne etwas mehr Zeit. Es kommt aber nicht auf die Dauer an, häufigeres Training ist wichtig.

2. Befreie dich von allem, was dich festhält

„Die Menschen gehen lieber zugrunde,
als dass sie ihre Gewohnheiten ändern."
(Leo Tolstoi)

Meine Beziehungen waren immer wichtig für mich,
wie für jeden Menschen. Ich habe mich jedoch
früher schnell in Beziehungen verloren und von
anderen Menschen sehr viel gefordert. Es hat mir
und meinen Mitmenschen geschadet, ihnen mein
Entwicklungsdefizit aufzubürden. Wenn ich nicht
glücklich war, musste meine Partnerin mich glücklich
machen. Wenn ich mich nicht attraktiv fühlte, so
musste meine Lebensgefährtin attraktiv und
begehrenswert sein und das extrem betonen. Ich
hatte nichts zu geben, außer vielleicht Geld und
gesellschaftlichen Schein. Das hat nichts mit
Gemeinsamkeit und Partnerschaft zu tun. Festhalten
ist nicht der Weg zum Glück, sondern in die
Einsamkeit. Daher habe ich gelernt, für mich ganz
anders vorzugehen. Dieses Muster abzulegen war ein
wichtiger Schritt in meinem Leben, wofür erst einmal
einige andere Dinge klar sein mussten.

Wir haben nur die Wahl zwischen wenigen großen Ideologien, so scheint es. Uns prägen Konzerne, Lobbyismus, gelenkte Politik, Unfreiheit und Habgier. Wir sind von Gesetzen und Regularien überwuchert, die uns das Leben erleichtern sollen, die uns aber bei näherer Betrachtung noch unfreier machen. Organisationen, Glaubensgemeinschaften und Vereine sowie Verbände und Interessengruppen machen uns unfrei. Wir fühlen uns Menschen verpflichtet, die uns festhalten. Wir lassen zu, dass uns Kontakte und Bindungen unfrei machen. Ein wichtiger nächster Schritt zur Freiheit ist, diese Kontakte zu hinterfragen. Befreie dich also von allen Bindungen und Beziehungen und gestatte dir, dich ganz neu zu orientieren. Das bedeutet nicht, dass du sofort ausziehen und die Scheidung einreichen sollst. Wichtig ist hier der Gedanke, dass du dich nicht zwingst, alle Beziehungen und Bindungen um jeden Preis aufrechterhalten zu müssen. Es bedeutet aber auch nicht, alles zu beenden, wenn man sich befreit. Konventionen, Spielregeln und Verpflichtungen bestimmen weite Teile unseres Lebens, wenn wir es zulassen. Wir haben Beziehungen, die wir nicht ernst nehmen, aber dennoch pflegen und haben den Kontakt zu Menschen, auf die wir nicht wirklich Wert legen. Genauso wird es Menschen auch mit uns ergehen. Auch wir werden sicherlich von Menschen wichtig genommen und kontaktiert, die nichts mit uns anfangen können. Es ist schön, das nicht zu brauchen.

Jede Bindung bedeutet Sicherheit für dich. So sehr dich etwas einengt, so gibt es dir auch etwas. Sicherheit ist jedoch etwas Trügerisches und eher der Feind der Entwicklung und der Evolution. Wo Sicherheit ist, kann es keine Veränderung geben und dort, wo man fest und sicher sitzt, da kann man sich nicht bewegen. Wenn Bewegung möglich wird, gibst du Sicherheit auf und gewinnst an Flexibilität. Du wirst nicht frei, wenn du überall gebunden und verpflichtet bist. Freiheit sollte das Wichtigste in deinem Leben sein. Du darfst die Freiheit haben, nicht jedem Menschen verpflichtet zu sein. Du darfst frei genug sein, du selbst zu sein.

Beobachte doch einmal deine Reaktionen auf das, was in deinem Leben geschieht und beobachte, welche Beziehungen und Bindungen davon berührt werden. Beobachte gerne, wie sich dies mit der Zeit ändern kann. Meist geschieht das nach anfänglichem Zögern und einigen Anlaufschwierigkeiten recht schnell. Ein hohes Tempo ist dabei nicht von Nutzen, auch wenn du es dir manchmal wünschst. Alle Beziehungen von einem Moment auf den anderen abzubrechen ist nicht wirklich das, was jeder Mensch kann und was jedem Menschen guttut.

Wenn du deine Bindungen und Beziehungen sowie ihre Auswirkungen beobachten kannst, so wird dies zu sehr tiefen Erkenntnissen führen und deinen Geist aufmerksam und wach machen für das, was wichtig ist. Schließlich wirst du merken, wie die Beobachtung dich frei und wach macht und du ganz klar die Ereignisse erkennen kannst, die um dich herum geschehen und einen Bezug zu dir aufbauen. Deine Gedanken im Hinblick auf deine Beziehungen werden sich verändern, und du wirst leicht feststellen, dass du keine Beziehung mehr so wichtig nimmst, dass sie dein Handeln und deine Taten beeinflussen kann. Und du wirst sicherlich bald spüren, welche Kraft in dir ist und wie wenig Aufwand es braucht, um sie effektiv einzusetzen. Solltest du diesen Punkt erlangen, so wirst du merken, dass du die Sicherheit nicht mehr so sehr benötigst, weil sie dich behindern würde. Sicherheit fordert einen viel zu hohen Preis von dir und deinem Leben, als dass du sie noch haben wolltest. Im Tao wirst du eine Art von höherer Autorität in dir finden, die diese Sicherheit unnötig werden lässt. Du brauchst diese trügerische Sicherheiten nicht mehr, um weiter existieren zu können. Tief in dir wirst du zu wissen beginnen, dass du mit allem und jedem verbunden bist.

Du bist mehr als dein Problem, eine Angst, eine Behinderung oder Erkrankung, mehr als eine politische Meinung oder Gesinnung. Das sind nur einzelne Aspekte deiner Persönlichkeit, nicht das Gesamtbild. Wir reden nicht von einem „Menschen mit Demenz", sondern von „dem Dementen". Das ist sehr abwertend und unmenschlich. In einer Fernsehwerbung für eine Kette von Schönheitskliniken wurde ein Patient als „die Nasenkorrektur" empfangen. Das fand ich furchtbar. Keines der Themen in dem Werbespot macht einen Menschen tatsächlich aus. Äußerlichkeiten wie die Nase, zehn Kilogramm zu viel oder die Oberweite sind keine entscheidenden Faktoren dafür. Das haben wir uns jedoch einreden lassen. Wir müssen scheinbar zum Silikon-Sondermüll-Fall werden, damit wir attraktiv sind. Ich finde das nicht, und ich lade dich ein, zu dir selbst stehen zu lernen. Du bist nicht deine krumme Nase und nicht dein Handicap, sondern viel mehr. Vielleicht sind es gar keine Macken, sondern „Special Effects". Uns erscheinen andere Menschen oftmals durch ihre scheinbare imperfekte Schönheit oder Liebenswürdigkeit besonders attraktiv.

Wenn du an dem Punkt angekommen bist, an dem nichts mehr so bleiben muss wie es war, gibst du die Sicherheit auf. Wenn nichts mehr bleiben muss, findet sich alles neu. Wenn du nicht mehr kannst und dein Sicherheitssystem zusammenbricht, wirst du sehen, dass sich auf einmal alles von alleine zu fügen beginnt. Genau darum geht es. Es geht so lange um Sicherheit, bis du sie aufgibst. Wenn die Sicherheit nicht mehr wichtig ist, dann ist dein Leben in der Hand der höheren Macht, des Schicksals, mitten in deinem Selbst. Dort findest du die Antworten auf alle Fragen, ohne dass du suchen müsstest. Überlasse dein Leben sich selbst und lerne kennen, wie wunderbar das Leben in Freiheit sein kann. Lerne Intuition kennen und genieße. Wertschätze dein Leben, dich und das, was bereits in dir steckt. Gib dir die Chance, wirklich frei zu sein und dich über die Dinge zu erheben, indem du mit ihnen zu verschmelzen beginnst. Dein Leben bist du und Alles ist du. Nichts in deinem Leben ist wichtiger als der Fluss deines Lebens in dir und die Wahrheit, die bereits in dir ist. Du wirst an Orten ankommen, die dir vertraut sind, obwohl du sie nie gesehen hast. Wahrheit und Klarheit wirst du in einer Art finden, wie sie dir bisher verschlossen und verwehrt blieb. Auch hörst du auf zu streben und „bist" einfach nur noch. Du brauchst nichts mehr, denn du hast bereits alles. Aus deiner Mitte heraus lebst du und schaust der Welt gerade ins Gesicht. Also bist du nicht dies oder das, du bist einfach du selbst. Niemandem bist du Rechenschaft schuldig, musst nicht Moralapostel sein, nicht perfekt, aber du wirst dich verändern auf deiner Reise zu deinem neuen Selbst.

Übung 2 Beobachtung

Beobachte die Geschehnisse deines Lebens, ohne sie zu analysieren oder zu werten. Achte sorgsam auf das, was du spürst, wenn du auf die Beziehungen und Bindungen achtest und was das in dir auslöst. Es ist nicht wichtig, dass du darüber nachdenkst oder gar weitere Schritte ausführst. Wichtig ist nur, dass du dir gestattest, wahrzunehmen und zu fühlen. Spüre, was dich bindet und verpflichtet und versuche es loszulassen und auf deine innere Weisheit zu achten.

3. Das Ego und die Aufmerksamkeit

"Ich habe die Erfahrung gemacht, dass die Lehrer, die wir brauchen, meist die Leute sind, mit denen wir gerade zusammenleben. Unsere Partner, Eltern und Kinder sind die besten Meister, die wir uns wünschen können. Wieder und wieder zeigen sie uns die Wahrheit, die wir nicht sehen wollen, bis wir sie erkennen."

Byron Katie

Wenn du einen Menschen kennenlernen möchtest, dessen Ego wirklich immer weiter gewachsen ist, dann lade ich dich in mein Leben ein. Ich sagte schon mehrfach, dass ich dieses Buch aus meiner Sicht und bezogen auf mein Leben schreibe. Mein Ego war unglaublich groß und nährte sich von jeder weiteren Verletzung und jedem Kampf, dass ich gegen es führte. Als ich aufhören konnte zu kämpfen und ihm meine liebevolle Aufmerksamkeit gab, war es nicht mehr da. Es ging einfach, weil es nicht mehr gebraucht wurde. Es verließ mich und kommt nur noch ganz selten wieder. Dann bin ich aufmerksam und liebevoll und es geht gleich wieder. Ich möchte dich dazu einladen, diese wunderbare Erfahrung ebenso zu machen. Dein Ego ist verzichtbar und es macht dich nicht glücklich. Es macht sich ehr unglücklich und bestimmt dein Leben, wenn du es geschehen lässt. Solltest du dir ein schöneres Leben wünschen, liebe dein Ego so lange, bis es sich auflöst. Das lass bitte einfach Stück für Stück geschehen und mich dazu etwas ausholen. Nimm dir die Zeit, die du dafür benötigst.

Unser Ego übt Macht über uns aus, und wir begegnen ihm mit Gegenwehr. Der Betreiber des hiesigen Golfplatzes hat mich dazu inspiriert, die nachfolgend beschriebene Denkweise als „Das John Phänomen" zu bezeichnen. Er prägte folgenden Satz: „The bigger you are, the more I enjoy fighting you." Je mehr du dich anstrengst und je mehr Mühe du dir gibst, zu kämpfen, umso weiter wird dein Ego wachsen. Je mehr du aus dem Hamsterrad entkommen möchtest, umso mehr verfängst du dich darin, weil der Kampf in den Mittelpunkt gerät und du dich nicht mehr um eine Wertschätzung und achtsame Herangehensweise bemühst. Die Lösung kann nicht sein, dem Ego kämpfend entgegenzugehen, sondern aufmerksam, innerlich leer und empfangsbereit. Daher befassen wir uns jetzt schon damit, diese Leere kennenzulernen und möglich zu machen, so dass unser Ego sich auflösen kann. Du brauchst kein Zen Meister zu sein, und diese Übungen müssen nicht sofort perfekt gelingen.

Erlaube dir gerne, sie auszuprobieren und arbeite ein paar Tage damit. Sollte es noch nicht gut gehen, warte noch eine Woche und versuche es gerne wieder. Nimm dir deine persönliche Zeit und sei ganz entspannt auf deinem Weg, neue eigene Erkenntnisse zu finden.

Es geht darum, aufmerksam auf die Leere zu achten, aus der heraus die Schöpfung sich in dir vollzieht. Das liest sich anstrengend, ich weiß. Chang Chung-yuan schreibt „Aus der Welt des Unbewussten steigen die Strukturen seiner Dichtung ins Bewusstsein auf." Auch das ist erst einmal schwierig. Mozart hat seine Partituren vor dem geistigen Auge gesehen. Während seine Frau ihm etwas vorlas, hat er die Noten fehlerfrei auf Papier übertragen, ohne dabei die Musik gespielt zu haben. Er komponierte einfach vor seinem inneren Auge und schrieb das Ergebnis nieder. Die Quantenheilung und auch die Quantenpsychologie haben hier ähnliche Ansätze. Aus den tiefsten Tiefen des Unbewussten entstehen die wertvollsten Gedanken und daraus wird die Realität erschaffen. Das ist weit unterhalb unseres Egos und reicht weit darüber hinaus. Unsere Bewusstheit schafft den Raum für unser Bewusstsein, unsere Gedanken. Im Tao und in der Quantenheilung arbeiten wir mit dieser Tiefe, in der die Dinge wirklich entstehen. Es geht darum, das

Nichts zwischen zwei Gedanken zu spüren und dieses Nichts auszubauen. In dem Raum, in dem dieses Nichts erlebt wird, liegt unglaubliche Kraft und innere Stärke. Es geht nicht um Konzentration, sondern um Aufmerksamkeit und darum, nichts zu denken, sondern die Dinge einfach auf ihre eigene Weise frei geschehen zu lassen und dabei in dich hineinzuspüren.

Unser aktiver und als wach bezeichneter Verstand ist wie ein stetig aktives Äffchen, das ununterbrochen spielen möchte. Wir versuchen, dieses Äffchen zu fangen um es dann einzuzwängen. Das ist das, was wir bei dem versuchen, was wir Meditation nennen. Wir könnten diesem Äffchen jedoch auch eine Banane schälen und sie ihm anbieten. Wenn es Hunger verspürt, wird es seinen Spieltrieb sicherlich unterbrechen können und essen kommen. Genau so könnten wir unserem Verstand erlauben, sich eine Auszeit zu nehmen. Bieten wir ihm an, dass wir die Phase zwischen den Gedanken beobachten und schauen, was geschieht und welcher Gedanke uns als nächster besucht. Aufmerksamkeit zu erlauben, wo es bisher nur Zwang und Unterdrückung gab, ist eine wunderbare Sache für deinen Organismus.

Das Ego ist eine ungesunde, treibende Kraft, die uns mehr schadet, als nutzt. Es ist so, dass unser Ego viele Elemente in sich trägt, unter anderem falschen Stolz und Eitelkeit. Unser Ego versuchen wir mit dem Äffchen, das unser Verstand ist, zu bekämpfen. Dieser Kampf ist verloren, weit bevor er beginnt. Wir bekämpfen mit einem Verstand, der immer beschäftigt sein muss, gegen unser Ego, das aus Verletzbarkeit und falschen Moralvorstellungen, Scham und Schuld gebildet wird. Das kann nicht gelingen. Dieser Kampf ist sinnlos. Eher bietet es sich an, die negativen Empfindungen, die das Ego auslöst, auszupendeln. Positive Empfindungen löst unser Ego ohnehin nicht aus.

Das „Tao" oder der „Zustand der Erleuchtung", „Die reine Bewusstheit", wie wir es in der Quantenheilung nennen, ist ein Moment der Fülle, die aus geistiger Leere entsteht. Es sind nicht die Gedanken, sondern es ist ein tiefes Gefühl, das nicht heraufbeschworen werden kann. Es entsteht einfach ohne dein Zutun und ohne bewusste Herbeiführung. Du kannst ihm nur gestatten, sich zu zeigen. Auch das klingt noch umständlich und schwierig, aber das wird einfacher. Du verstehst jetzt schon viel mehr als am Anfang, und du wirst immer noch leichter verstehen lernen. Du wirst so ganz bewusst lernen, im Hier und Jetzt zu leben. Es wird dir leichter fallen, immer mehr zu erkennen, was analysierende Gedanken sind, was unnötige Beziehungen und

Bindungen sind und was Vergangenheit und Zukunft ist. Daraus erkennst du deine Gefühle, Authentizität und Gegenwart. Schau doch noch einmal auf die ersten beiden Kapitel und gib dir bei den nachfolgenden Übungen ruhig ein wenig Zeit. Du wirst vielleicht erkennen, dass du schon sehr viel weiter bist, als du zunächst glaubst. Doch es geht noch weiter, und es wird immer schöner und einfacher für dich.

Es ist so, dass wir uns oft noch bemühen möchten, Dinge an anderer Stelle zu lösen, als dort, wo es wirksam ist. Wir wünschen uns, dass wir Symptome betäuben und nicht von Grund auf an der Ursache arbeiten. Wenn wir jedoch unterhalb unseres Egos bei unserer reinen Bewusstheit ansetzen, dann steigen unsere Chancen, dem kompletten System einen Neubeginn zu ermöglichen. Daher werden wir uns auf den Weg machen, von ganz unten zu arbeiten und uns nicht damit aufhalten, nur ein einzelnes Symptom zu bearbeiten. Ich möchte dich einladen, von Grund auf Balance in deinem Leben zu finden.

Ich habe immer versucht, nur Symptome zu bearbeiten und keinen Blick auf das gesamte Geschehen zu werfen. Dieser holistische Blick auf das komplexe Bild, das sich wie ein Mobile durch die uns umgebenden Systeme zieht, hilft uns jedoch, die wahren Inhalte zu erkennen. Ich musste davon Abstand nehmen, nur Teile wahrzunehmen und nicht das gesamte Bild anzuschauen. Es macht keinen Sinn, jedes einzelne Element losgelöst zu betrachten, denn es wirkt in seiner Gesamtheit und ist vielfältig verknüpft. So wie unsere Gehirnzellen, die zigtausende Verknüpfungen eingehen können. Es macht daher auch keinen Sinn, eine einzelne Gehirnzelle zu beobachten, um nur aus dieser Beobachtung heraus etwas verstehen zu wollen. Es ist wichtig, die einzelnen Bausteine anzuschauen und das Gesamtbild und dessen Struktur und Zusammenhänge zu verstehen. Als ich dies für mich als Wahrheit annehmen konnte, war es leichter, die bisherigen Probleme aufzulösen. Gib dir gerne Zeit, diese Worte vor der Übung eine Zeit lang auf dich wirken zu lassen.

Übung 3.1 Der Abstand zwischen den Gedanken

Nutze eine Entspannungstechnik wie eine Meditation, Autogenes Training, Selbsthypnose oder Progressive Muskelentspannung, um ein wenig zur Ruhe zu kommen.

Lass deine Gedanken einfach kommen und gib ihnen die Chance, sich zu entfalten.

Achte darauf, welcher wohl dein nächster Gedanke sein wird.

Du wirst spüren, dass du Momente findest, in denen du nichts gedacht hast. Das sind zunächst nur Sekundenbruchteile. Du kannst diese Phasen jedoch ausdehnen und verlängern, wenn du einfach nur beobachtest.

Übung 3.2. Das Ego auspendeln

Setze dich bequem hin und mache vorher noch eine Entspannungsübung. Das könnte sein: die Atemgleichgewicht-Übung aus dem Yoga, Autogenes Training, Progressive Muskelentspannung, Selbsthypnose oder eine Meditation. Oder starte gleich, nachdem du einige Minuten deinen Atem wahrgenommen hast.

Spüre nun bitte in deine Hände hinein, nacheinander. Frage dich dabei, was du empfinden kannst. Es muss nichts Bestimmtes sein. Alles ist richtig, so wie du es empfindest. Achte bitte darauf, ob du zum Beispiel Wärme, Kälte, Anspannung, Schmerz oder einen Pulsschlag fühlst. Wo machst du diese Empfindungen, ist es in einem oder mehreren Fingern oder an einer bestimmten Stelle deiner Hand, wie unter der Haut? Nimm einfach nur wahr und lass gerne alle Gedanken und Empfindungen zu. Widme dich nach kurzer Aufmerksamkeit wieder deiner Beobachtung der Hand/Hände.

Zuerst beginnst du bitte bei der linken Hand. Nimm Sie einfach ca. 2-3 Minuten wahr.

Dann achte bitte auf die rechte Hand, auch hier ca. 2-3 Minuten.

Nun bitte nimm wieder zuerst die linke und dann die rechte Hand wahr, aber nur circa eine Minute.

Nun spüre bitte in beide Hände hinein, bis du den Eindruck hast, dass das Gefühl sich in beiden Händen anzugleichen beginnt.

Nimm nun bitte dein Ego wahr. Spüre, welche Empfindungen dich verletzen. Was ist es, das dich unangemessen wütend macht, dich zur Weißglut bringt, dich kein Verständnis haben lässt und dich ärgert. Was sind vollkommen unangemessene oder übertriebene Reaktionen?

Lass es zu, dass dieses Gefühl sich in dir aufbauen kann, so gut du es eben noch aushalten kannst. Es ist wichtig, das Gefühl zu erleben und wahrzunehmen, statt wegzulaufen oder es zu verfluchen.

Jetzt wird das Gefühl in deiner Empfindung aus deinem Körper gezogen. Lass dazu nun bitte dieses Gefühl in deiner Vorstellung nur in deine linke Hand fließen. Erlaube dir, in deiner Vorstellung das, was mit diesem Gefühl zu tun hat, einfach in deine linke Hand laufen zu lassen.

Jetzt stellst du einen Ausgleich her. Teste dazu doch einmal die drei wichtigsten Sinneskanäle und schaue, welcher Kanal dir im vorliegenden Fall weiterhilft, damit du ihn als Gegenpol zum Auspendeln nutzen kannst.

- *Nutze ein positives Bild oder einen schönen Film, damit du etwas Positives sehen kannst.*
- *Nutze eine positive Affirmation, die dir hilft auszupendeln.*
- *Spüre in ein schönes Gefühl hinein, dass dir hilft, das negative Empfinden auszugleichen.*

Nutze bitte den Sinneskanal, der dir am besten hilft, um in ein genau gegenteiliges Empfinden auszupendeln und nimm eine der Möglichkeiten wahr. Das kann ein schönes Bild oder einen Film sein, in dem du offen und selbstlos warst/bist. Es ist auch möglich, dass du eine Affirmation nutzt wie: „Ich begegne meinem Ego mit Respekt und Aufmerksamkeit, da ich wissen möchte, was mich beschäftigt.". Du kannst auch ein positives Gefühl wahrnehmen, dass mit Verbundenheit, Liebe, Aufmerksamkeit und/oder Aufrichtigkeit zu tun hat.

Nun spüre wieder in beide Hände hinein und achte darauf, wann das Gefühl sich wieder angleicht.

Dann komm wieder mit deinem Bewusstsein nach außen und öffne die Augen.

Diese Übung kannst du gerne mehrere Male am Tag wiederholen. Du wirst merken, dass dein Ego immer weniger Interesse haben wird, sich aufzubauen. Du wirst immer entspannter reagieren können, weil du erlebte Situationen damit bearbeiten kannst.

Übe es gerne zuerst einmal mit Situationen aus deiner Erinnerung und dann gehe in die Praxis und erlebe, wie du in Alltagssituationen damit umgehst, dein Ego auszupendeln.

4. Das Leben im Tao

"Die Religion der Zukunft wird eine kosmische sein.
Sie sollte einen persönlichen Gott transzendieren
und Dogma und Theologie vermeiden."
(Albert Einstein)

Ich möchte dir schon jetzt zeigen, was dich im Tao, in dem Moment der Vollkommenheit und Erleuchtung, erwarten kann. Lies es nicht so, dass du meinst, so müsse ab jetzt dein Leben aussehen, sondern als wäre es eine Möglichkeit der schrittweisen Veränderung. Jeder Mensch geht seinen Weg, und jeder Mensch ist immer unterwegs zu neuen Möglichkeiten. Denke über die Möglichkeiten nach und stelle dir Fragen ob dir das gefallen könnte und wie angenehm das wäre. Dann kannst du schauen, wie du einen Schritt nach dem anderen gehen könntest. Mehr brauchst du nicht zu tun. Bitte versuche, das einfach einmal annehmen zu können.

Du wirst das Tao nicht verstehen und erleben können, wenn du mit Gewalt versuchst, es dir vorstellen zu können. Achte doch eher darauf, ob du nach und nach die Vorstellung des Tao als angenehm empfinden kannst. Wenn du das Tao kennenlernen möchtest, dann nicht dadurch, dass du es verstehst, sondern erlebst. Ein Kunstwerk erreicht seine Perfektion nicht durch Planung, sondern dadurch, es aus sich selbst heraus zu erschaffen und es im Flow zu entwickeln. Dabei lassen wir einfach dem Leben den Fluss, um sich in uns, um uns herum und überall ausbreiten zu können. Ich dachte früher, es wäre wichtig, sich nach bestimmten Regeln zu verhalten oder bestimmten Werten und Zielen zu folgen. Erst als ich lernte, dass ich bereits genau so richtig bin, wie ich bin, näherte ich mich dem Tao. Mache dir also nicht erst die Mühe, es zu verstehen oder auf eine bestimmte Art und Weise herbeiführen zu wollen, so erreichst du es nicht. Lass dem Leben seinen Fluss und bewege dich mit ihm in einem wunderbaren Tanz der Liebe. Lass das Leben eine einzige Liebesaffäre sein, zwischen allen Elementen, von denen es berührt wird. Alles bewegt sich miteinander im Fluss und verbindet sich dabei auf sanfte Weise, wird eins, ohne sich gegenseitig zu beherrschen. Es fließt durch uns hindurch, ohne uns in Besitz zu nehmen und findet gleich wieder eine neue Form. Gestehe dem Leben zu, sich frei zu entwickeln und frei fließen zu können.

Man redet vom „unbehauenen Klotz" im Buddhismus/Taoismus. Es geht dem Menschen im Tao nicht um irgendwelche Motive und Absichten, nicht um das Streben nach etwas oder darum, ein konkretes Ziel zu verfolgen, wenn man etwas beginnt. Alle Ereignisse, die in dein Leben treten, kannst du einfach mit offenen Armen empfangen. Der Mensch, der im Tao lebt, ist einfach nur offen, hat einen wachen und aufmerksamen Geist. Er ist spontan und unschuldig in seinem Fühlen und Handeln. Er denkt mit dem Herzen und nicht mit dem, was wir als Verstand ansehen. Er fühlt sein Leben, statt es zu analysieren. Er spürt die wichtigen Dinge ganz aus sich heraus, ohne sie zu bewerten. Daher gibt es an diese Stelle das Problem der Polarität nicht mehr. Es muss also nichts mehr in gut und schlecht eingeteilt werden oder in falsch und richtig. Die Dinge sind einfach so, wie sie sind. Es geht nicht um Entscheidungen, um Abwägungen oder Alternativen. Es geht nur um das, was aus der inneren Mitte heraus von selbst geschieht. Das geschieht immer in der Gegenwart. Der Mensch, der im Tao lebt, legt nicht viel Wert auf Vergangenheit oder Zukunft, denn er lebt immer nur jetzt. Sicherlich besitzt er Erinnerungen, aber sie prägen sein Leben nicht maßgeblich. Er kann sein Wissen abrufen, aber es hindert ihn nicht, das Leben im Hier und Jetzt stattfinden zu lassen. Das unterscheidet ihn von dem Menschen, der gegen sein Ego ankämpft und der nicht bei sich selbst ist.

Ungeduld und Zeitnot sind einem Menschen im Tao fremd. Dieser hat gelernt, auf sich und seine Intuition zu vertrauen. Er bewertet nicht die Zeitspanne, die etwas benötigt oder die Tatsache, dass Dinge eine andere und vielleicht unerwartete Entwicklung nehmen. Die Ereignisse beobachtet er mit offenen Augen und seinem Herzen so gut, wie es sein Verstand niemals könnte. Nach Ehre, Ruhm, Macht, Geld oder anderen Dingen, die das Ego benötigt, strebt er nicht. Dieser Mensch will nichts Besseres werden und hat aufgehört, nach solchen falschen Dingen zu suchen. Er lebt für sich selbst und muss nicht anderen Menschen gefallen. Und er lebt für sich alleine in seiner eigenen Mitte und nicht nach den Werten und Vorstellungen anderer Menschen, deren Bewertungen seiner Existenz und seines Handelns ihm unwichtig sind. Nie versucht er, seine Fehler abzulegen, wie beispielsweise Angst, Neid, Eifersucht, Gier oder Selbstzweifel und Selbsthass. Er hat gelernt, sich anzunehmen, wie er ist und sich genauso vollwertig zu fühlen. Aus seinem inneren Auge heraus beobachtet er sich selbst wohlwollend, inklusive seiner „schlechten" Eigenschaften. Es entsteht eine Verbundenheit, Offenheit und ein tiefes Verständnis für diese Dinge. Die Offenheit und das Vertrauen auf die innere Weisheit lassen diese Dinge von ganz alleine verschwinden. Seine besondere Aufmerksamkeit, die so mild und liebevoll ist, wird diesen Dingen keinen Raum geben, sich über ihn zu erheben.

Er wird auch nicht seinen Charakter formen wollen, sondern seine Wesenszüge wertschätzend, wach und aufmerksam verfolgen und in sie hinein spüren. Sorgen und Ängste kennt er nicht. Er ist sich bewusst über die Unzulänglichkeiten der Vergangenheit, kann sie aber annehmen und wertschätzen. Neue Schwierigkeiten, die entstehen können, nimmt er aufmerksam wahr und wendet sich ihnen zu. Schnell und effektiv wird er seine Lösung finden, weil er mit dem Herzen sucht und nicht überlegen und abwägen muss. Daher wird er auch keine psychosomatischen Erkrankungen zeigen. Energien in seinem Körper, die ihm schaden könnten, blockiert er nicht, sondern er widmet sich ihnen herzlich. Er ist nicht gereizt, nervös oder gestresst, sondern lebt in einer tiefen bewussten Ruhe. Jeden Augenblick lebt er aktiv und bewusst und hängt keinem vergangenen Moment nach.

Wer im Tao lebt ist fleißig, aber nicht im Übermaß. Er arbeitet gerne, aber er verfolgt damit kein ehrgeiziges Ziel. Es ist nicht wichtig, ob er damit Anerkennung erreicht oder eine Gehaltserhöhung. Seine Tätigkeit übt er von Herzen gern aus. Er hat Spaß und Freude daran und will sie nicht übereilt fertig bekommen. Er spürt keinerlei Leistungsdruck oder Erfolgsdruck, dabei leistet er jedoch mehr, als die meisten anderen Menschen. Gerade durch diese freie und genussvolle Einstellung entsteht eine auf seine Arbeit bezogene Leichtigkeit und Leidenschaft, die Meisterwerke entstehen lässt - selbst bei scheinbar ganz banalen Dingen. Er ist dabei auch schöpferisch und kreativ, denn er wird vom Leben und seiner Leichtigkeit durchströmt. Das sieht man an seinem ganzen Wirken und Handeln. Seinen Standpunkt kann er zeigen und erklären, er kämpft jedoch nicht dafür. Er schaut auch zu unangenehmen Dingen hin und wendet seinen Blick niemals ab, von keinem Unrecht der Welt. Diese Dinge versucht er zu ändern, indem er ihnen Aufmerksamkeit gibt.

Im Tao lebt man mitten im Genuss. Du kannst alles genießen, was die Welt für dich bereithält. Es bietet dir eine unglaubliche Lebensfreude und eine reichhaltige Zahl an Genüssen. Der Genuss ist immer in dem Augenblick da, indem du ihn erfährst und verflüchtigt sich wieder. Er macht nicht süchtig oder abhängig. Im Tao wirst du diesen Dingen keine Bedeutung zumessen und sie nicht suchen, denn sie sind ein ganz normaler Bestandteil des Lebens. Das Leben als solches beginnt dich zu durchströmen und glücklich zu machen und ein Genuss zu sein. Genuss und alle anderen Gefühle sind ganz einfach wahrnehmbar und werden nicht gesteuert. Du spürst sie, nimmst sie zur Kenntnis und lässt sie einfach zu. Es gibt keine Scham, Unterdrückung oder Ablehnung. Du bist, was und wer du bist in jedem Moment deines Lebens. Das gilt für alle Emotionen, die ein Mensch wahrnehmen kann.

Der Mensch des Tao ist zu einer Partnerschaft oder Liebesbeziehung sehr wohl fähig und muss nicht in Askese oder Einsamkeit leben. Er ist, im Gegensatz zu vielen anderen Menschen, jemand, der sich seine Freiheit und Selbständigkeit bewahrt. Er geht nicht als Persönlichkeit unter und fordert oder erwartet keine bedingungslose Liebe und Treue bis ans Lebensende. Er ist jedoch auch nicht der Mensch, der untreu wäre. Er akzeptiert die Wünsche beider Partner gleichwertig und liebt, ohne besitzen zu wollen. Damit schafft er die eigentlichen Grundbedingungen der Liebe: Offenheit, Aufmerksamkeit, Wertschätzung, Respekt, Freiheit und echte Zuneigung. In seiner Partnerschaft und in seinem Leben mit Mitmenschen ist er offen, aufmerksam, herzlich, authentisch und frei. Zu keiner Zeit möchte er jemanden bekehren, ist aber immer für das Gespräch offen. Immer wirkt er vital, gelassen und authentisch. Er ist allen Gesprächen gegenüber offen und für jedes Thema bereit. Dabei wird er niemals ein Guru sein wollen oder ein großer

Heiler, sondern er achtet jeden Menschen auf seinem eigenen Weg zu sich selbst und erfreut sich an jeder noch so kleinen Stufe, die ein Mensch zu sich selbst finden kann.

Das Tao ist genau das, was auch die reine Bewusstheit beschreibt. Es ist die gleiche Wahrheit in vielen reinen Formen der Erkenntnis. Moderne Techniken der Quantenheilung sind aus dem alten Wissen, das schon wahrscheinlich 5000 Jahre lang besteht, in neuer Form zu uns unterwegs. Wir können es Tao nennen, innere Weisheit, Quantenheilung, inneres Selbst oder Gott. Immer wieder drückt es das Gleiche aus und daher werde ich die Begriffe auch synonym verwenden. Alle Wahrheit und Wirklichkeit findest du in dir. Du hast sie schon, und du kannst sie in dir finden, wenn du bereit bist, dich der Suche und dem Finden zu öffnen. Es kann eine wunderbare Reise werden. Und manche „Ehrenrunde" wird dir auch zuteil, vor allem, um manche Dinge nochmals zu lernen. Deswegen wirst du im Verlauf des Buchs auch Ehrenrunden finden, um die gelesenen Dinge nochmals vertiefen zu können. Bitte meine nicht, du müsstest diese Reise heute beenden. Sie muss nicht wirklich enden. Du wirst es Schritt für Schritt spüren können, dass es dir besser geht und die Dinge leichter werden. Lass dir nur die Möglichkeiten eröffnen, dass es dir besser gehen darf. Lehne dich zurück, sei wach, aufmerksam und offen. Nur so findest du den Weg deiner persönlichen Erkenntnisse, der wirklich sehr schön wird und das Ankommen überflüssig macht.

Das verwirrt dich an dieser Stelle noch und das ist vollkommen normal. Du hast Jahrzehnte lang eine ganz andere Auffassung von den Zusammenhängen dieser Welt gehabt und nun durchschreitest du ein Tor. Wenn du den Film „Matrix" gesehen hast, so kennst du auch da die Szene, in der Neo gefragt wird, ob er die rote oder blaue Pille nehmen möchte. Er entscheidet sich für die Pille, die ihm die Wahrheit eröffnet und nicht für die bequeme Pille, die ihn in der bisherigen Wahrnehmung betäubt sein bisheriges Leben weiterführen lassen würde. Wenn du weiter machst, dann ist es nur wichtig, sich für die richtige Pille zu entscheiden, damit du die Wahrheit kennenlernst. Du kannst an dieser Stelle noch nicht alle Zusammenhänge verstehen. Es geht bisher nur darum, dir zu zeigen, wohin dein Weg führen kann. Gehe ihn Schritt für Schritt und sammle Erkenntnisse. Erwarte nicht, dass du zu schnell zu neuen Erkenntnissen kommst, denn diese kannst du nicht in dein Leben integrieren. Es ging mir da nicht anders. Ich musste auch lernen, nicht zu schnell verstehen zu wollen, sondern meinem Herzen die

Zeit geben, die Erfahrungen in eine neue Bewusstheit umzusetzen.

Übung 4 Beobachten ohne Bewertung

Kannst du Dinge beobachten, ohne sie zu bewerten? Gestatte dir doch einige Versuche, Dinge bewusster wahrzunehmen, die du nicht bewertest. Dann gestatte dir, dass sich Lösungen aus dir heraus bilden können. Das ist am Anfang sehr schwierig, weil dein Verstand dir im Weg ist. Du wirst jedoch sicherlich nach und nach den Mut und die Weisheit in dir finden, besser damit umzugehen, und es wird immer einfacher und schneller werden.

Übrigens: Wenn du magst, kannst du einmal das I-Ging (Buch der Wandlungen) anschauen und sehen, ob du auch hierzu einen Zugang finden kannst. Es gibt verschiedene Ausführungen. Wähle die, die dir am besten gefällt und schaue sie dir einmal in Ruhe an. Beachte bitte, dass das I-Ging nicht Weissagung sein soll, sondern nur Aspekte liefert, die dienlich sein können, die Aufmerksamkeit dorthin zu lenken.

5. Warum Positives Denken schadet

Freiheit

„Ich will unter keinen Umständen ein Allerweltsmensch sein.
Ich habe ein Recht darauf, aus dem Rahmen zu fallen, wenn
ich es kann.
Ich wünsche mir Chancen, nicht Sicherheiten.

Ich will kein ausgehaltener Bürger sein, gedemütigt
und abgestumpft, weil der Staat für mich sorgt.
Ich will dem Risiko begegnen, mich nach etwas sehnen
und es verwirklichen, Schiffbruch erleiden und Erfolg haben.
Ich lehne es ab, mir den eigenen Antrieb
für ein Trinkgeld abkaufen zu lassen.

Lieber will ich den Schwierigkeiten des Lebens
entgegentreten, als ein gesichertes Dasein führen.
Lieber die gespannte Erregung des eigenen Erfolgs,
als die dumpfe Ruhe Utopiens.

Ich will weder meine Freiheit gegen Wohltaten hergeben,
noch meine Menschenwürde gegen milde Gaben.
Ich habe gelernt, selbst für mich zu denken und zu handeln,
der Welt gerade ins Gesicht zu sehen und zu bekennen:
Dies ist mein Werk. "

Albert Schweizer

Was bin ich froh, dass ich meine Luxusautos und Nobelklamotten nicht mehr brauche. Früher prägte mein Ego den Wunsch nach scheinbaren Luxusgütern, die wichtig waren, um mich wohlzufühlen. Ich habe sehr viel Geld verdient und das musste jeder Mensch an vielen Details erkennen können. Wenn ich Wünsche hatte, dann waren es materielle Wünsche. Alles musste noch größer, schöner und besser sein. Aber selbst mit einer Einnahme von 2,5 Millionen im Jahr und 7 Angestellten war ich nicht glücklich. Wir denken, wir brauchen nur ein wenig mehr Geld, Glück, Sex oder sonst etwas und sind dann viel glücklicher. Haben wir aber ein wenig mehr unserer Bedürfnisse durch Positives Denken manifestieren können, geht es weiter und wir sind wieder unglücklich und wollen noch mehr. Damit sind wir wieder bei dem Ego, welches unser Unglück prägt. Haben wir aber wirkliches Glück, inneren Frieden, Liebe und Freundschaft vor Augen, dann geht es uns besser und wir fühlen uns glücklicher. Seitdem ich nicht mehr materiellen Dingen hinterherlaufe, fühle ich mich deutlich wohler, bin leichter zufrieden und viel glücklicher, auch mit viel weniger Geld als damals, denn es ist nicht mehr wichtig für mich. Ich brauche heute keine Werte, keine Sicherheiten, sondern erfreue mich am Leben. Heute habe ich alles, was ich zum Leben brauche in Hülle und Fülle und damals hatte ich nie genug. Das möchte ich dir vorstellen und dir damit zeigen, wie unwichtig und falsch das Positive Denken auf diese Art ist, die man uns zeigt. Sie fördert das Ego und den Untergang des wahren Selbst.

In vielen Büchern wird das Positive Denken propagiert. Das könnte doch besser und effektiver sein als das Tao und der Buddhismus, das tiefe und reine Bewusstsein, die Bewusstheit in uns - oder? Nein, das ist es nicht. Ich bin der Meinung, uns schadet das Positive Denken, denn wir denken in die falsche Richtung und tun das vollkommen sinnlos und nutzlos. Warum ich das so deutlich sage, führe ich sehr gerne aus.

Das Positive Denken wurde von vielen Leuten als eine Art Wissenschaft dargestellt. Es soll so sein, dass wir uns auf unsere Ziele konzentrieren und diese dann durch unsere Gedanken manifestieren. Wir sollen uns also von dem abwenden, was Aufmerksamkeit benötigt. Es gibt dabei auch die Art von Autoren, die uns erklären, dass eine Gottheit oder eine höhere Macht, Engelwesen oder sonst etwas da ist, worauf wir vertrauen sollen. Andere sagen uns, dass wir alles bereits in uns tragen. Letzteres ist dem Tao näher, und das Göttliche sind wir sozusagen ohnehin selbst, denn wir sind ein

Abbild des Schöpfers und der Schöpfung, wie man überall nachlesen kann.

Wenn wir uns nur auf das Ziel konzentrieren, dann auch auf materielle Dinge oder auf das, was ebenso unser Ego möchte. Das Tao sucht einen anderen Weg. Es geht hier darum, dass du Aufmerksamkeit auf dich und deine Emotionen richtest. Du darfst dich annehmen, wie du bist und du darfst dir begegnen. Keiner hält dich an, so zu tun, als hättest du dein Ziel schon erreicht und als würdest du jetzt dich selbst in Trance auf deine materiellen Ziele zubewegen. Es geht hier an dieser Stelle nicht um eine Hypnosetechnik. Diese kann sinnvoll sein, aber darum geht es nicht im Tao. Positives Denken gleicht der Autosuggestion, ohne Rücksicht auf deine wahren Gefühle und dein wirkliches Verlangen. Du widmest dich eher deinem Ego und nicht dem, was du wirklich möchtest. Denkst du wirklich, ein Geldbetrag könnte deine Sorgen milden, ein Auto dein Gefühl für dich stärken oder eine Partnerin könnte deinen Selbstwert wieder richten? Das sind Trugschlüsse durch das Positive Denken. Das Positive Denken möchte, dass du dir autosuggestiv die Lösung vorstellst und dich damit identifizierst. Das Tao möchte, dass du dich annehmen lernst und zu dir selbst findest. Das Tao möchte das Ego unwichtig werden lassen, Positives Denken lässt es erstarken.

So wirst du nur immer mehr Ego im Positiven Denken finden und das wird dich immer weiter schwächen, denn dein Ego ist der Teil im Leben, der dich quält und leiden lässt. Im Tao wirst du lernen, dich zu verstehen, dein Leben zu erfühlen und deinen Verstand nicht so wichtig zu nehmen wie deine bereits vorhandene Weisheit, die du erkennen wirst. Das Positive Denken gibt dir wieder die scheinbare und trügerische Sicherheit und gibt dir die Chance, vor deinen Problemen wegzulaufen. Du wirst dich nicht akzeptieren lernen, sondern sehen, dass du dich weiter von dir entfernst. Statt frei zu sein, gerätst du wieder in eine neue Abhängigkeit. Weil du andere Ziele und Werte als dein Inneres brauchst, kannst du nicht sein, wer und wie du bist. Also wirst du nicht frei, sondern du leidest weiter, nur auf höherem Niveau. Du läufst nicht mehr den 5% an Gehaltserhöhung hinterher, denn du willst jetzt 50% und einen Ferrari. Und was, wenn es dann anders kommt? Die Suche nach der Wahrheit in dir und den Schätzen, die in dir sind, wird dich befreien, nicht die Ziele im Außen, die dich immer weiter von dir entfernen. Wir werden immer wieder darauf eingehen. Lass es nur auf dich wirken und schaue, was es mit dir macht, wenn du dies liest.

Übung 5.1 Hinterfragen

Hinterfrage das Positive Denken

Wann hast du schon erlebt, dass ein Wunsch nicht in Erfüllung ging, und war das nicht manchmal ein Segen? Suche einige Beispiele hierfür und lasse dir gerne Zeit.

Hinterfrage das Tao

Wenn du gegen dich und deine Werte und Überzeugungen Entscheidungen getroffen hast, hast du dich damit jemals gut gefühlt, egal wie das Ergebnis zu bewerten war?

Wenn du Entscheidungen getroffen hast, die deinen Werten und Überzeugungen entsprechen, wie wichtig war dann das Ergebnis?

Übung 5.2 Erwartungsangst ausgleichen

Setze dich bequem hin und mache vorher noch eine Entspannungsübung. Das könnte sein: die Atemgleichgewicht-Übung aus dem Yoga, Autogenes Training, Progressive Muskelentspannung, Selbsthypnose oder eine Meditation, wie du magst. Oder starte gleich, nachdem du einige Minuten nur deinen Atem wahrgenommen hast.

Spüre nun bitte in deine Hände hinein, nacheinander. Frage dich dabei, was du empfinden kannst. Es muss nichts Bestimmtes sein. Alles ist richtig, so wie du es empfindest.

Achte bitte darauf, ob du zum Beispiel Wärme, Kälte, Anspannung, Schmerz oder einen Pulsschlag fühlst. Wo machst du diese Empfindungen, ist es in einem oder mehreren Fingern oder an einer bestimmten Stelle deiner Hand, wie unter der Haut? Nimm einfach nur wahr und lass gerne alle Gedanken und Empfindungen zu. Widme dich nach kurzer Aufmerksamkeit wieder deiner Beobachtung der Hand/Hände.

Zuerst beginnst du bitte bei der linken Hand. Nimm Sie einfach ca. 2-3 Minuten wahr.

Dann achte bitte auf die rechte Hand, auch hier ca. 2-3 Minuten.

Nun bitte nimm wieder zuerst die linke und dann die rechte Hand wahr, aber nur circa eine Minute.

Nun spüre bitte in beide Hände hinein, bis du den Eindruck hast, dass das Gefühl sich in beiden Händen anzugleichen beginnt.

Befasse dich nun mit der Angst vor deiner Zukunft. Wir nennen das allgemein Erwartungsangst. Es ist wie die Erwartung einer Symptomatik. Du wartest regelrecht auf die Angst oder den Kopfschmerz, die Handlung oder das böse Wort deines Gegenübers, lange bevor es ausgesprochen wird. Du hast bereits eine Vorstellung von dem, was geschehen wird und reagierst sogar schon körperlich auf eine eigene Art und Weise.

Lass es zu, dass dieses Gefühl sich in dir aufbauen kann, so gut du es eben noch aushalten kannst. Lass das Gefühl zu, dass du wieder etwas erwartest, das du schon kennst und das dich belastet und in seinen Bann zieht. Die Angst wird immer stärker, dass sich das Ereignis, die Angst, die Reaktion oder das Symptom zeigen kann und du keine Ahnung hast, wann. Immer stärker wird das Empfinden in dir. Es ist wichtig, das Gefühl zu erleben und wahrzunehmen, statt wegzulaufen oder es zu verfluchen.

Jetzt wird das Gefühl in deiner Empfindung aus deinem Körper gezogen. Lass dazu nun bitte dieses Gefühl in deiner Vorstellung nur in deinen linken Zeigefinger fließen. Erlaube dir, in deiner Vorstellung das, was mit diesem Gefühl zu tun hat, einfach in deinen linken Zeigefinger laufen zu lassen.

Jetzt stellst du einen Ausgleich her. Teste dazu doch einmal die drei wichtigsten Sinneskanäle und schaue, welcher Kanal dir im vorliegenden Fall weiterhilft, damit du ihn als Gegenpol zum Auspendeln nutzen kannst.

- *Nutze ein positives Bild oder einen schönen Film, damit du etwas Positives sehen kannst.*
- *Nutze eine positive Affirmation, die dir hilft auszupendeln.*
- *Spüre in ein schönes Gefühl hinein, das dir hilft, das negative Empfinden auszugleichen.*

Nutze bitte den Sinneskanal, der dir am besten hilft, um in ein genau gegenteiliges Empfinden auszupendeln und nimm eine der Möglichkeiten wahr. Das kann ein schönes Bild oder ein Film sein, in dem du offen für deine Erlebnisse warst/bist. Es ist auch möglich, dass du eine Affirmation nutzt wie: „Ich freue mich auf das, was mir begegnet und was das Leben für mich bereithält". Du kannst auch ein positives Gefühl wahrnehmen, das mit Offenheit, Liebe, Aufmerksamkeit und/oder Aufrichtigkeit zu tun hat.

Führe die Fingerkuppen beider Zeigefinger aneinander und achte darauf, wann/ob sie zu verschmelzen beginnen. Sollte dies nach 1-2 Minuten nicht der Fall sein, trenne sie einmal und versuche es erneut.

Dann komm wieder mit deinem Bewusstsein nach außen und öffne die Augen.

Diese Übung kannst du gerne mehrere Male am Tag wiederholen. Du wirst merken, dass dein Ego immer weniger Interesse haben wird, sich aufzubauen. Und du wirst immer entspannter reagieren können, weil du erlebte Situationen damit bearbeiten kannst.

Übe es gerne zuerst einmal mit Situationen aus deiner Erinnerung und dann gehe in die alltägliche Praxis und erlebe, wie du in Alltagssituationen damit umzugehen lernst, deine Erwartungsangst auszupendeln.

6. Aussteigen als Einstieg

"Beeile dich nicht, mich kennenzulernen, denn es gibt nichts an mir, das sich fassen ließe. Ich bin Raum und Zeit oder Werden."
Antoine de Saint-Exupéry

Du sollst aussteigen lernen, um einzusteigen? Das klingt vollkommen widersinnig, oder? Wie soll es ein Einstieg sein, wenn man aussteigt? Ganz einfach. Es geht darum, aus den wirren Verkettungen auszusteigen, die du zeitlebens ertragen hast und die dich geformt haben. Du bist geprägt von Vorschriften, Zwängen und vielen Vorstellungen und Idealen, die nichts mit dir zu tun haben. Du hast dich mit ihnen arrangiert und lebst heute so, dass sie dir Sicherheit gewähren. Das ist genau die Sicherheit, die dich festhält, zu dir selbst zu finden. Lass uns das Schritt für Schritt anschauen und erlaube dir, aufmerksam und mit etwas Zeit deinen Weg zu gehen.

Vielleicht kennst du es, die gleiche Art von destruktiven Liebesbeziehungen immer wieder zu erleben. Es kann sein, dass du immer wieder im Beruf unterdrückt wirst, dass alle anderen Menschen über dich zu bestimmen scheinen und du gelernt hast, dich verstecken zu müssen. Du darfst doch nicht über deine Gefühle sprechen, weil dein Mann dich nicht versteht. Oder du darfst dich nicht öffnen, weil das nicht männlich wäre. Du darfst deine Sexualität nicht leben, sondern musst dich deinem Partner unterordnen. Schlägst du sie, weil du nicht zu reden gelernt hast? Lässt du dich schlagen, weil du eh nicht gut genug bist? Bist du abhängig von Beziehungen, die du nicht beenden darfst? Ist etwas in dieser Art Teil deines Lebens? Willst du das immer länger aushalten? Vielleicht sogar dein ganzes Leben lang? Wer sagt, dass es so sein muss? Wer kann dich dazu verpflichten, wenn nicht du? Vielleicht gibt es ja einen Weg, aus diesem Leben auszusteigen, der immer machbarer scheint.

Du hast im ersten Kapitel das Nichthandeln kennengelernt und inzwischen erfahren können, was es bedeutet. Es ist so, dass die Kunst des Nichthandelns eine Form der inneren Weisheit ist, die du erkennen und nutzbar machen kannst. Du lernst, dir und deinem inneren Selbst zu vertrauen. Dieses Vertrauen ist wichtiger als dein Verstand, der oftmals nur dein Ego bedient. Wenn du dir die Chance gibst, in dir selbst nach Wahrheit zu suchen, statt puren Aktionismus an den Tag zu legen, wirst du sehen, dass du bessere und tiefere Antworten findest. Diese Antworten kommen aus dir selbst und eine große Wahrheit und Stimmigkeit. Es sind Lösungen, die aus dir kommen und nicht von außen vorgegebene Dinge.

Das zweite Kapitel hatte als Inhalt die Befreiung von deinen Bindungen und Beziehungen, die dich festhalten, unfrei machen, die dir aber eine trügerische Sicherheit bieten. Du hast mittlerweile schon einige dieser Beziehungen und Bindungen hinterfragt und bist zu manchen Erkenntnissen gekommen, die vor einigen Wochen oder Monaten vielleicht noch nicht für dich vorstellbar waren. Nun findest du in dir vielleicht schon immer mehr eine Wachheit für das, was dir an Beziehungen und Bindungen angeboten wird. Mit der Zeit kannst du lernen, wie diese dich immer weniger belasten, weil sie einen anderen Stellenwert bekommen und dich frei werden lassen. Du benötigst sie nicht mehr so existenziell, sondern du kannst dir und anderen Menschen einen ganz neuen Freiraum geben. Nach und nach wird dieser Raum immer größer und die Freiheit bekommt eine immer angenehmere Tiefe und Bewusstheit.

Danach haben wir das Ego und die Aufmerksamkeit durchgearbeitet. Du kennst nun dein Ego und möglicherweise kannst du es schon etwas besser auspendeln. Wichtig ist, es wahrnehmen zu können und nicht zu unterdrücken. Wenn du ihm keine Aufmerksamkeit gibst, wird es wachsen. Wenn du es wertschätzen kannst, wird es dir helfen, hinter die wahren Motive seiner Entstehung zu kommen. Es wird sich vor deinen Augen nach und nach enttarnen und immer unbedeutender werden. So erkennst du, was in deinem Leben Aufmerksamkeit benötigt und was du mit dieser Aufmerksamkeit bewegen kannst: in erster Linie deinen Geist.

Dann haben wir das Leben im Tao angeschaut und du hast einen ersten Eindruck davon bekommen, was wahre innere Freiheit bedeuten kann und wie du sie für dich leben kannst. Achte doch einmal auf die Wertvorstellungen, die du im Tao und in der reinen Bewusstheit finden kannst und lasse dich auf dich selbst ein. Der Weg zu dir ist wohl der einzig wichtige Weg in deinem Leben.

Das Positive Denken haben wir im Anschluss kritisch beleuchtet und vielleicht kannst du nach der Wiederholung in diesem Kapitel noch besser damit umgehen. Positives Denken stärkt nur unser Ego und erfüllt uns nicht unsere wirklichen Wünsche. Wir lernen nicht, unsere Gefühle zu hinterfragen, sondern nur, wie wir unserem Ego dazu verhelfen, Dinge zu manifestieren. Dabei steht nicht unbedingt fest, welches Ergebnis besser ist. Mancher Wunsch wird besser nicht erfüllt, und mancher Wunsch wird uns als unmöglich, aber dafür lohnenswert erscheinen. Das Tao und die reine Bewusstheit werden keine Fragen stellen, sondern Lösungen aus deinem tiefen Selbst anbieten.

Was also ist der Ausstieg und wieso ist er nun auch noch ein Einstieg? Der Ausstieg ist der aus schädigenden Beziehungen, Mustern, Selbstzweifeln, Qual und Angst. Er ist ein Einstieg in Wahrhaftigkeit, Aufrichtigkeit, Ehrlichkeit und in dein eigenes Selbst. Wenn du den Mut hast, die Wahrheit hinter deinem Tun und deinem Erleben zu suchen, kannst und wirst du sie finden. Dazu braucht es den Mut zum Ausstieg aus der Sicherheit, die dich bindet und quält. Es braucht den Mut, aufrichtig zu sein, die Weisheit, nach dem eigenen Ich zu fragen und die Offenheit, sich selbst zu begegnen.

Du hast gelernt, dass du dich anpassen musst, dass du dich selbst verleugnest und dich niemals wirklich kennenlernst. Lade dich stattdessen einmal dazu ein, dich selbst kennenzulernen und darauf zu achten, was in dir vorgeht. Öffne dich für dein Selbst und deine wahren inneren Werte. Wann kannst du einfach nur du selbst sein, und bist nicht den Zwängen von Kleidung, Auto, Haus,

Wohnungseinrichtung, Geld und allen möglichen Statussymbolen unterworfen? Wann wirst du nur wegen dir selbst und nicht wegen materieller Güter, falscher Freundschaften oder wichtiger VIP Kontakte geschätzt? Wir haben wegsehen gelernt, und wir kultivieren es bei uns und bei anderen Menschen. Dabei schauen wir auf die äußeren Dinge, die das Ego benötigt und nicht auf das, was wirklich dahintersteht. Wir können nicht wertschätzen, sondern meinen, verstehen zu müssen. Auch können wir nicht erleben, weil wir bewerten wollen. Und wir können uns nicht auf die Wirklichkeit einlassen, weil wir dem Schein folgen wollen, denn so haben wir Sicherheit für uns gelernt.

In den nachfolgenden Kapiteln möchte ich dir noch einmal anbieten, einige Begriffe ganz neu kennenzulernen und ich möchte dir einige Themen vorstellen, die wir noch einmal beleuchten werden. Lass dich zu vielleicht ungewohnt tiefen Gedanken hinreißen und gönne dir neue Erfahrungen zu Dingen, zu denen du bereits eine besondere Einstellung hast oder hattest. Jetzt, wo du in neue Ebenen gehen möchtest, wird es Zeit, viele Dinge noch einmal ganz neu zu überdenken und dann die Reise zu den Werten des Tao frisch gestärkt anzutreten. Dabei wirst du wahrscheinlich ganz überraschende Erkenntnisse finden. Ich wünsche dir eine gute Zeit auf deinem Weg. Schön, dass du immer noch dabei bist. Und bitte bedenke: du brauchst nichts zu können, und du bist zu nichts verpflichtet. Lass dich treiben in deinen Beobachtungen und Erkenntnissen. Suche nach eigenen Wahrheiten und Antworten, sie werden wichtig sein für dich und dein Leben.

Jeder Mensch, der sich auf diesen Weg der Erkenntnis gemacht hat, ist über einige Steine gestolpert, die er nicht wertschätzen konnte. Ich habe auch viele Dinge nicht einfach gleich verstehen können, weil sie zu einfach sind, um logisch zu sein. Sie müssen nicht logisch sein, denn unsere Logik ist falsch entwickelt worden. Sie folgt nicht dem Herzen, sondern dem, was uns wahrzunehmen beigebracht wurde. Versuche einfach nur, neue Optionen wahrzunehmen und neue Muster möglich sein zu lassen. Versuche nicht, dein bisheriges Leben durch eine neue Weisheit zu ersetzen und diese nun als Gesetzmäßigkeit anzunehmen. Das würde dich wieder weg von dir führen. Nimm dir Zeit und gib dir die Gelegenheit, die neuen Erkenntnisse zu erfahren und dann in dein Leben zu integrieren. So ging es für mich am leichtesten. Ebenso ging es auch den Menschen, mit denen ich mich austausche. Das Tempo ist ebenso nicht wichtig. Du machst schneller große Schritte, als du glaubst, wenn du ganz bewusst kleine Schritte wählst. Vertraue mir, wenn du dir noch nicht vertrauen kannst. Wenn du dir vertrauen lernst, fühlst du die Wahrheit ganz leicht in dir und das wird wunderbar sein.

Übung 6 Aussteigen üben

Wo kannst du den Ausstieg schon? Beobachte doch einmal, wo du bereits bereit bist, nicht nach Normen und Werten zu leben, die eine Schicht, Umgebung oder Gesellschaft festlegt. Sei aufmerksam und offen für die Menschen, Bereiche, Umgebungen und Teile deines Lebens, in denen du wirklich auf die wesentlichen Dinge achtest und für die Bereiche, bei denen du noch zu sehr an Äußerlichkeiten verhaftet bist, sie denkst und nicht fühlst. Achte auch darauf, wo du dich über bekannte Muster aufregst und wo du vielleicht gerne etwas ändern möchtest.

7. Toleranz kennenlernen

"Ich liebe dich dafür, dass dir kalt ist, wenn draußen 25 Grad sind. Ich liebe dich dafür, dass du anderthalb Stunden brauchst, um ein Sandwich zu bestellen. Ich liebe dich dafür, dass du eine Falte über der Nase kriegst, wenn du mich so ansiehst. Ich liebe dich dafür, dass ich nach einem Tag mit dir dein Parfum immer noch an meinen Sachen riechen kann. Und ich liebe dich auch dafür, dass du der letzte Mensch bist, mit dem ich reden will, bevor ich abends einschlafe. Und das liegt nicht daran, dass ich einsam bin und das liegt auch nicht daran, dass Silvester ist. Ich verrate dir, warum ich heute Abend hierhergekommen bin: Wenn man begriffen hat, dass man den Rest des Lebens zusammen verbringen will, dann will man, dass der Rest des Lebens so schnell wie möglich beginnt."
Filmzitat: Harry und Sally

Wie gut kann ich mich selbst und andere Menschen tolerieren? Es geht nicht darum, dass uns alles egal sein sollte, sondern es geht um Toleranz. Ist es mir egal, welche Hautfarbe, Staatsangehörigkeit oder Religion ein Mensch hat? Ist es mir egal, welchen Glauben ein Mensch in Bezug auf unterschiedliche Angelegenheiten hat? Kann es sein, dass andere

Menschen von Dingen ganz andere Vorstellungen haben? Ich muss nicht urteilen, wenn ich die Meinung oder Ansicht eines Menschen nicht teilen oder nachvollziehen kann. Ich könnte Fragen stellen und verstehen lernen. Dabei ist es hilfreich, den Menschen anzusprechen, um den es geht.

Es kann aber auch sein, dass ich versuche, mir erst einmal ein paar Gedanken zu machen und dabei anzunehmen, dass auch dieser Mensch – genau wie ich – nach Glück, Liebe, Zugehörigkeit und Freiheit strebt. Das könnte meinen ersten Eindruck stark verändern. Toleranz und Liebe beginnen bei mir. Wenn ich mich in Toleranz und Liebe üben möchte, dann könnte ich zuerst einmal bei mir beginnen. Oftmals verurteilen wir uns selbst zu sehr. Nichts machen wir gut genug. Wir sind geprägt von vielen Erlebnissen, die uns gezeigt haben, dass wir nicht sein dürfen, wer wir sind. Dadurch haben wir verlernt, uns selbst tolerieren zu dürfen.

Ständig haben wir Erwartungen zu erfüllen, die oftmals nicht einmal etwas mit uns zu tun haben. Üben wir uns doch darin, uns selbst zu tolerieren. Darüber könnten wir den Weg finden, auch andere Menschen weniger zu bewerten und sie mehr tolerieren zu können. Dadurch werden auch wir von anderen Menschen mehr Toleranz erfahren und somit auch mehr Liebe geben und empfangen können. Liebe und Toleranz sind gute Freunde. Lass doch einmal zu, dich selbst kennenzulernen.

Je mehr Toleranz du übst, desto mehr Liebe übst du. Du wirst sehen, dass du auf der Basis der Erkenntnisse auf den vorherigen Seiten dieses Buches diesen Worten sicherlich mehr Aufmerksamkeit schenken kannst. Ausdrücklich geht es um Toleranz, nicht um Ignoranz oder um Oberflächlichkeit. Und auch darum anzunehmen, dass jeder Mensch so frei ist, wie er es sein mag. Wer auf seine Art nach Glück strebt, darf das tun, und wer dich damit nicht wirklich frontal angreift und direkt verletzt, den lasse sein, wie er ist. Du kannst jedem Menschen Angebote machen und du kannst helfen, wenn du gefragt wirst. Aber sei dabei aufrichtig, tolerant und ehrlich. Erwarte nicht, dass jeder Mensch so glücklich sein muss, wie es für dich gerade stimmig ist. Es ist nicht an uns, das Glück anderer Menschen zu bewerten, zu erschaffen oder gar erst möglich zu machen. Jeder von uns entscheidet allein, was für ihn wichtig ist und was er annehmen möchte. Lassen wir jedem Menschen die Freiheit, die wir uns wünschen und seien wir offen, tolerant und aufrichtig.

Ich kann nachfühlen, dass dieser Teil schwer für dich ist, wenn es für dich eine neue Erfahrung oder Erkenntnis ist. Viele von uns sind co-abhängig, unter ihnen viele Sozialarbeiter, Therapeuten und andere Menschen in Helferberufen. Viele Menschen helfen gerne anderen Menschen, damit sie sich nicht mit sich selbst auseinandersetzen müssen. Dabei unterstellen sie anderen Menschen, ganz genau zu wissen, was ihnen zu ihrem Glück fehlt. Sie kennen sich selbst nicht und stülpen anderen Menschen ihre Bedürfnisse über. Es war schwer für mich, dies in Liebesbeziehungen, bei meiner Tochter und bei meiner Mutter zu ändern. Ich dachte immer, dass ich weiß, was ein schönes Leben ausmacht. Aber ich gab anderen nicht die Chance, das selbst erspüren und erfahren zu können. Ich half ihnen nicht bei ihren Zielen und Wünschen, sondern dabei, meine Ziele und Werte für sich zu entdecken. Das ist sehr unangemessen und übergriffig. Ich entschuldige mich hierfür noch einmal ausdrücklich bei euch. Heute nehme ich das als Weisheit an, die ich erkannt habe und die ich durch den Kontakt mit euch kennenlernen konnte. Mein Herz hat durch euch gelernt und sich bereichern dürfen. Vielleicht könnt ihr nun daran wachsen und mir verzeihen.

Übung 7.1 Toleranz kultivieren

Heute möchte ich beginnen, mich selbst zu tolerieren. Ich möchte mich selbst achtsam und respektvoll wahrnehmen und nicht werten, was ich mache. Selbst missbräuchliches und schädigendes Verhalten gilt es zu hinterfragen. Werten wir nicht, was wir tun, sondern versuchen wir, das Verhalten zu tolerieren und dann zu hinterfragen, wenn wir es nicht angemessen finden. Es geht für mich darum, dass ich heute beginnen möchte, mich selbst von ganzem Herzen zu tolerieren und zu akzeptieren. Dadurch lernen wir auch, anderen Menschen gegenüber toleranter und respektvoller zu sein. So wie wir uns selbst gegenüber tolerant und respektvoll werden, so werden wir es auch anderen Menschen gegenüber. Das eine kann die Basis des anderen sein.

Übung 7.2 Die Spiegelgesetze

Die Spiegelgesetze können dir helfen, Dinge einmal anders zu sehen. Versuche, dich darauf einzulassen, den Blickwinkel zu ändern und erlaube dir, die Spiegelgesetze und die danach folgende Geschichte des Tempels mit den tausend Spiegeln in dir wirken zu lassen.

1. SPIEGELGESETZ

Alles, was mich am anderen stört, ärgert, aufregt und in Wut geraten lässt und ich anders haben will, habe ich selbst in mir.

Alles, was ich am anderen kritisieren und bekämpfen oder verändern will, kritisiere, bekämpfe oder unterdrücke ich in Wahrheit in mir und hätte es gerne anders.

2. SPIEGELGESETZ

Alles, was der andere an mir kritisiert, bekämpft und verändern will und mich damit verletzt, betrifft mich. Ich bin noch nicht erlöst. Mein Ego ist beleidigt, es ist noch stark.

3. SPIEGELGESETZ

Alles, was der andere kritisiert an mir, mir vorwirft oder anders haben will und bekämpft, und mich das nicht berührt, ist sein eigenes Bild, sein eigener Charakter, seine eigenen Unzulänglichkeiten, die er auf mich projiziert.

4. SPIEGELGESETZ

Alles, was mir am anderen gefällt, was ich liebe an ihm, bin ich selbst, habe ich selbst in mir und liebe dies im anderen. Ich erkenne mich selbst im Anderen. Wir sind in diesen Punkten eins.

Wenn du diese Gesetze erkannt hast, wirst du Folgendes verstehen:

- *Wenn du dich selbst kritisierst oder verurteilst, werden dich andere kritisieren und verurteilen.*

- *Wenn du dich selbst verletzt, werden dich andere verletzen.*
- *Wenn du dich selbst belügst, werden dich andere belügen.*
- *Wenn du dir selbst gegenüber nicht verantwortlich handelst, werden andere unverantwortlich gegen dich sein.*
- *Wenn du dich selbst beschuldigst, werden dich andere beschuldigen.*
- *Wenn du selbst nicht auf deine Gefühle achtest, wird niemand auf deine Gefühle achten.*
- *Wenn du dich selbst liebst, werden dich auch andere lieben.*
- *Wenn du dich selbst respektierst, werden dich auch andere respektieren.*
- *Wenn du dir selbst vertraust, werden dir auch andere vertrauen.*
- *Wenn du ehrlich zu dir selbst bist, werden auch andere ehrlich zu dir sein.*
- *Wenn du dir selbst Anerkennung schenkst, werden dir auch andere Anerkennung schenken.*
- *Wenn du dich selbst schützt, werden dich auch andere schützen.*
- *Wenn du dich an dir selbst erfreust, dann werden sich auch andere an dir erfreuen.*

Der Tempel der tausend Spiegel

„In einem fernen Land gab es vor langer, langer Zeit einen Tempel mit tausend Spiegeln, und eines Tages kam, wie es der Zufall so will, ein Hund des Weges.

Der Hund bemerkte, dass das Tor zum Tempel der tausend Spiegel geöffnet war. Vorsichtig und ängstlich ging er in den Tempel hinein.

Hunde wissen natürlich nicht, was Spiegel sind und was sie vermögen. Nachdem er den Tempel betreten hatte, glaubte er sich von tausend Hunden umgeben.

Der Hund begann zu knurren, er sah auf die vielen Spiegel, und überall sah er einen Hund, der ebenfalls knurrte. Er begann die Zähne zu fletschen, und im selben Augenblick begannen die tausend Hunde die Zähne zu fletschen. Der Hund bekam es mit der Angst zu tun. So etwas hatte er noch nie erlebt. Voller Panik lief er, so schnell er konnte, aus dem Tempel hinaus.

Dieses furchtbare Erlebnis hatte sich tief im Gedächtnis des Hundes vergraben. Fortan hielt er es als erwiesen, dass ihm andere Hunde feindlich gesonnen sind.

Die Welt war für ihn ein bedrohlicher Ort, und er wurde von anderen Hunden gemieden und lebte verbittert bis ans Ende seiner Tage.

Die Zeit verging, und wie es der Zufall so will, kam eines Tages ein anderer Hund des Weges. Der Hund bemerkte, dass das Tor zum Tempel der tausend Spiegel geöffnet war, und neugierig und erwartungsvoll ging er in den Tempel hinein.

Hunde wissen natürlich nicht, was Spiegel sind und was sie vermögen. Nachdem er den Tempel betreten hatte, glaubte er sich von tausend Hunden umgeben.

Der Hund begann zu lächeln, er sah auf die vielen Spiegel und überall sah er einen Hund, der ebenfalls lächelte, so gut Hunde eben lächeln können. Er begann vor Freude mit dem Schwanz zu wedeln, im selben Augenblick begannen die tausend Hunde mit ihrem Schwanz zu wedeln, und der Hund wurde noch fröhlicher.

So etwas hatte er noch nie erlebt. Voller Freude blieb er, so lang er konnte, im Tempel und spielte mit den tausend Hunden.

Dieses schöne Erlebnis hatte sich tief ins Gedächtnis des Hundes eingegraben. Fortan hielt er es als erwiesen, dass ihm andere Hunde freundlich gesonnen sind.

Die Welt war für ihn ein freundlicher Ort, und er wurde von anderen Hunden gern gesehen und lebte glücklich bis ans Ende seiner Tage.

(Verfasser unbekannt)

8. Selbstwert und Selbstgefühl

„Die Herrlichkeit der Welt ist immer adäquat der
Herrlichkeit des Geistes, der sie betrachtet. Der Gute findet
hier sein Paradies, der Schlechte genießt schon hier seine
Hölle."
Heinrich Heine

Meinen Wert habe ich früher materiell gemessen und
an den Menschen, die mir wohlgesonnen schienen.
Ich machte es an dem Status der Menschen fest und
nicht an ihrer Menschlichkeit. Ich achtete und ehrte
den Status und nicht die wahre Wertigkeit von etwas
oder jemandem. Heute weiß ich, dass ein reines Herz
meinem Gegenüber mehr Wert verleiht, als
Intelligenz, Geld, Status oder Stellung. Früher
glaubte ich, ich würde das sehen können, aber ich
war blind. Vielleicht suchst du nach blinden Flecken
in deiner Wahrnehmung. Lass dich bitte dadurch
nicht abwerten, denn das würde dein Ego wieder
wachsen lassen. Gestehe dir zu, dass du Potential
hast, dich zu entwickeln. An dieser Stelle war genau
das auch für mich wichtig. Du bist kein schlechter
Mensch, weil du fehlerlos bist und nicht der Weise,
weil du keine Fehler machst. Du wirst weise, wenn

du Fehler als solche erkennst und daran wachsen kannst, ohne dich zu tadeln.

Was macht deinen Selbstwert aus? Worüber definierst du das, was dich ausmacht und deine Wertigkeit? Warum müssen wir überhaupt etwas wert sein und für wen? Was denkst du ist wirklich das, worüber wir uns definieren? Was ist wichtig in deinem Leben, und wie kannst du an diesen Werten etwas ändern?

Du kannst nicht erwarten, dass andere Menschen dir deinen Wert geben und jemand anders deine Probleme löst. Hierzu ein Beispiel, das zumeist Frauen betrifft. Oftmals sagen Frauen, dass der nächste Mann oder Flirt erst einmal etwas „beweisen" muss. Sie glauben vielleicht, dass dieser neue Mann seine Aufgabe darin zu sehen hat, die Aufgaben, die sein „Vorgänger" hinterlassen hat, aufzuräumen. Das kann jedoch nicht sein. Ich alleine sollte mich um die Aufgaben sorgen, die mir zuteilwerden. Nur ich kann meine Hausaufgaben erledigen. Es ist unreif, aber scheinbar einfach, diese Aufgabe abzugeben. Im Leben geht es nicht darum, dass andere Menschen unseren Job machen. Wir sollten uns um unsere eigenen Dinge kümmern können. Aber was sind unsere eigenen Dinge? Wann oder wie müssen wir uns um etwas kümmern? Was macht uns aus? Wer sind wir? Wie wichtig sind wir? Wie gut müssen wir sein?

Viele Menschen sind sich selbst nicht gut genug und genügen eigenen Ansprüchen nicht. Wie sollte man da erst anderen Ansprüchen genügen. Wir sind verletzbar und schämen uns wegen dieser Verletzlichkeit. Dabei kann sie ein wundervolles Geschenk sein, wenn wir sie annehmen können. Wir sollten Dinge wagen dürfen und Risiken eingehen können. Wenn wir es nicht tun, dann bleiben wir in unserem Unglück hängen. Jederzeit haben wir die Möglichkeit das zu ändern, wenn wir uns auf den Weg machen können und dürfen. Schau doch einmal, ob du bereit bist, dein Leben zu verändern, und ob du es verändern darfst. Manchmal halten uns Glaubenssätze von Veränderungen ab.

Wir erkennen unsere Glaubenssätze daran, dass wir von ihnen aufgehalten werden. Meist sind sie mit „wenn, dann ..." verbunden. „Wenn du reich bist, dann bist du ein schlechter Mensch." Viele solcher Sätze sind in unser Glaubenssystem eingezogen und lassen uns nicht mehr los. Sie haben aber nichts mit Wissen oder Wertigkeit zu tun, sondern sind wider besseres Wissen integriert worden. Irgendwann wirst du spüren - vielleicht jetzt schon - dass es an der Zeit ist. Vielleicht fühlst du, dass du Sätze hast, die du in deinem Leben nicht brauchst. Vielleicht spürst du immer mehr, dass in deinem Leben sinnlose Verkettungen vorhanden sind, und du hast vielleicht schon den Mut, sie anzuschauen und aus ihnen lernen zu wollen. Erkenne die Wahrheit, die bereits in dir ist und versuche dich an der nächsten Übung, wenn es soweit ist für dich.

Übung 8 Glaubenssätze

Welche Glaubenssätze könnten dich davon abhalten, zu dir zu finden und frei zu leben?

Was könntest du tun, um diese Glaubenssätze umzugestalten?

Nimm dir Zeit und gehe in eine meditative oder entspannende Haltung. Erlaube dir, deinen Glaubenssatz, den du bearbeiten möchtest, aufmerksam wahrzunehmen. Achte vielleicht auch darauf, wie und wodurch du ihn gelernt hast. Sei offen für das, was du spürst und was in dir aufkommt.

Nun stelle dir vor, wie du bereits an dem Ziel angekommen bist, offen sein zu dürfen. Erlaube dir, dich als offenen Menschen wahrzunehmen, der seinen Wert nicht mehr durch das Außen definiert, sondern der alle Menschen als gleichwertig besonders anerkennt, bei dir selbst beginnend. Du bist ein wunderbarer Mensch mit deinen Fehlern und ohne perfekt sein zu müssen. Du bist mit aller Unvollkommenheit ganz besonders, denn genau das macht dich aus. Versuche, diese Wahrheit in dir zu finden und genieße sie mit allen Sinnen.

Achte bei der Umgestaltung darauf, dass du den vermeintlichen Wert des Glaubenssatzes wertschätzen kannst. Als Beispiel kann eine Überzeugung dienen, wie „Ein Indianer kennt keinen Schmerz!" Es ist sicherlich gut, Schmerz wahrzunehmen, damit man nach Ursachen suchen und Lösungen finden kann. Diesen Schmerz muss man jedoch nicht zelebrieren und mit mehr Aufmerksamkeit behandeln, als angemessen ist. Also könnte ein neuer Satz lauten „Ich achte auf meinen Schmerz, gehe angemessen mit ihm um und lasse ihn dann los!"

Nun spüre noch eine Zeit lang hinein in deinen neuen Glaubenssatz und fühle, wie es dir damit geht. Achte darauf, wie du die Änderung der Überzeugung umsetzen kannst und arbeite vielleicht erst einmal mehrere Tage oder Wochen mit einem Glaubenssatz, bevor du mehrere ausprobierst. Durch diese achtsame Übung wirst du ganz von selbst lernen, später ganz schnell Glaubenssätze umformulieren zu können.

9. Du musst nichts gewinnen

Und es kam der Tag da das Risiko,
in der Knospe zu verharren,
schmerzlicher wurde als das Risiko zu blühen.
(Anais Nin)

Perfektionismus und die Sucht nach einem Sieg, sowie der Wille, alles alleine zu schaffen, treibt uns lange Jahre unseres Lebens an. Ich denke, du kennst es, genauso wie ich es kenne. Wir streben danach, perfekt zu sein, den anderen zu überflügeln, und wir wissen genau, dass wir viele Dinge ganz alleine zu tun haben. Der Lone Ranger ist gegen uns ein Anfänger. Wir quälen uns zum Erfolg und erreichen ihn dabei am allerwenigsten. Warum ist das so und wie kann ich das aufgeben?

Es ist so, weil unser Ego darauf trainiert ist, dass wir uns auf äußere Höchstleistungen reduzieren lassen. Wir messen uns an dem, was messbar ist und wofür es Urkunden gibt. Es ist wichtig, dass wir etwas haben, das Anerkennung findet. Am besten noch mit einer Platzierung, ideal wäre die Nummer eins. Man hat uns beigebracht, dass der olympische Geist ehrenwert ist, aber auch dort ist Doping an der

Tagesordnung. Wir wollen gewinnen, und wir wollen es aus eigenem Antrieb schaffen.

Wenn du jetzt nicht weißt, wovon ich spreche, bist du vielleicht nicht ehrlich genug. Ich kenne das Gefühl gut, dass ich zwar weiß, wie ich mich zu verhalten habe und was ehrenwert ist, ich aber in Wirklichkeit nach anderen Zielen gestrebt habe. Statt den Kunden einen viel besser darauf spezialisierten Kollegen zu empfehlen, versuchen wir uns halbherzig selbst, damit wir das Geld verdienen. Solche und ähnliche Phänomene gehörten zu meinem Leben. Wir wissen, dass wir nicht alles können, aber wir machen es einfach einmal. Heute lebe ich anders und ich bekomme dadurch Empfehlungen meiner Kollegen und von Menschen, von denen ich nie gehört habe. Heute geht es mir besser und ich habe mehr zu tun, als es früher der Fall war. Je mehr ich lernte, auch abgeben zu können, umso mehr habe ich auch erhalten. Probiere es gerne, wie schön es ist, aufrichtig zu dem zu stehen, was andere Menschen besser können. Wenn diese Menschen von dir ehrliche Wertschätzung erfahren, dann wirst auch du erleben, was Wertschätzung bedeutet.

Wir könnten alternativ überlegen, ob unser Ego so viel Aufmerksamkeit verdient hat und wir dieses

Rennen weitermachen möchten. Es muss nicht sein, dass wir nur im Außen Bestätigung bekommen. Wie vorher schon angesprochen, könnten wir uns auf die Suche begeben. Wir können beginnen, unsere Bestrebungen anzuerkennen, und schauen, was wir wirklich erreichen möchten. Unser Leben ist viel mehr, als eine Urkunde oder ein Gewinn. Wir müssen nicht perfekt sein, um liebenswert zu sein. Ohnehin können wir nicht perfekt sein, denn wir finden keine Definition für Perfektion. Daher können wir dieses Ziel niemals erreichen. Eventuell bedeutet Perfektion in diesem Thema für uns morgen bereits etwas anderes, und dann müssen wir unsere Ziele ohnehin neu gestalten. Damit wäre unsere Perfektion wieder nicht erreicht.

Unser Bestreben könnte daher sein, auf die wichtigen Werte zu schauen, unsere Absicht anzuerkennen und die Suche nach Perfektion als Teil unseres Egos zu erkennen. Damit ist sie als Lebensziel uninteressant. Sie ist eine Gefahr für uns, denn sie stärkt unser Ego und schadet unserem Selbst auf tiefste und existentiellste Weise. Laden wir uns ein nachzuspüren, was uns wichtig ist und es so lange zu betreiben, wie es uns gut tut.

Übung 9.1 Muss ich perfekt sein?

Lade dich ein nicht perfekt zu sein, sondern zu schauen, was du wirklich willst. Gestatte dir die Dinge, die du unternimmst, so lange und intensiv auszuüben, wie es dir gut tut. Wenn du merkst, dass andere Dinge wichtiger werden, darfst du dein Tun ändern. Du erreichst genau das, was so angemessen ist. Teste dies einmal bei einem oder mehreren Dingen.

Wo hast du ein besonderes Streben nach Perfektion und wo besondere Ansprüche? Wie gut und sinnvoll sind diese Ansprüche und was erschweren oder verhindern sie?

Was hat dein Streben nach Perfektion bisher verhindert? Vielleicht wolltest du immer einmal malen, ein Kinderbuch schreiben oder einen Marathon laufen. Was wäre, wenn du einfach einmal für dich alleine damit beginnst? Am besten gehst du erst einmal kleine Schritte und beginnst mit hundert Metern, statt mit dem Marathon. Probiere es gerne aus und finde dein eigenes Tempo.

Übung 9.2 EFT-Anleitung

EFT (Emotional Freedom Techniques) wurde von Gary Craig entwickelt, der auf den Arbeiten von Roger Callahan aufbaute. Diese sich immer mehr ausbreitende „Klopftherapie" ist sehr simpel anzuwenden und für viele Menschen war sie effektiv. Erlaube dir gerne, sie für dich auszuprobieren und schaue auf deine Erfahrungen und Erkenntnisse. Versuche gerne, die Fragen, die in den Beispielen enthalten sind, an deine Bedürfnisse anzupassen.

Einstimmung

Sage dir genau das, worum es geht und sprich es konkret aus. Beispiel: „Ich habe Lust auf diese Zigarette!"

Subjektives Stressempfinden

Skaliere deine Empfindung/deinen Stressfaktor in dieser Situation:

"0 - 10": 0= Vollkommen entspannt, 10 = maximaler Stress. Bei Depression auch von -10 bis +10. Dann wäre -10 sehr depressiv, 0 ausgeglichen und +10 sehr glücklich.

Thymusklopfen

Klopfe einige Male auf den Solarplexus oberhalb des Nabels (Thymusareal bzw. Sonnengeflecht) und sagte dabei: „Ich liebe, glaube, vertraue, ich bin dankbar und mutig!"

Einwandkorrektur

Klopfe deine Handkante und sage dir, dass du vollkommen in Ordnung bist, auch wenn das Problem/die Fragestellung da ist. Also beispielsweise: „Obwohl ich Lust auf diese Zigarette habe, liebe und akzeptiere ich mich so, wie ich bin." Oder: „Obwohl ich es nicht verdient habe, ohne Lust auf diese

Zigarette zu sein, liebe und akzeptiere ich mich so, wie ich bin."

Punkte klopfen!

Klopfe die nachfolgenden Punkte einige Male und sage dazu den Kern deiner Aussage, wie beispielsweise: „Meine Lust auf diese Zigarette!", also den Anfang der Einstimmung:

1. Anfang Augenbraue innen
2. Neben dem Auge außen
3. Unter dem Auge
4. Unter der Nase
5. Auf dem Kinn
6. Zwischen den Schlüsselbeinen
7. An der Seite
8. Alle Finger an der Innenseite (dem Körper zugewandt) an dem Übergang zwischen Nagel und Haut
9. Scheitelpunkt auf dem Kopf

Dabei ist es egal, ob du links, rechts, auf einer oder beiden Seiten, der gleichen Seite oder gegenüber klopfst.

Serienpunkt klopfen und ...

Klopfe die Vertiefung zwischen kleinem Finger und Ringfinger auf einem Handrücken mit drei Fingern und dann mache bitte Folgendes dabei:

- Schaue mit deinen Augen nach links unten, nach rechts unten und kreise mit ihnen einmal im und einmal gegen den Uhrzeigersinn.

- *Summe eine Melodie (Happy Birthday)*
- *Zähle rückwärts von sieben bis eins.*
- *Summe nochmals eine Melodie (Happy Birthday)*

Erneut klopfen

Klopfe wieder, wie vorher schon. Mache so viele Durchgänge, wie du möchtest und so lange, bis das Ergebnis erreicht ist oder es scheinbar nicht mehr weitergeht.

Subjektives Stressempfinden

Atme tief ein und aus, alle ein, zwei oder drei Durchgänge und skaliere erneut von 0-10 deine Empfindung.

10. Gesund und bewusst leben

"Die Fähigkeit das Wort „Nein" auszusprechen, ist der erste Schritt zur Freiheit."
Nicolas-Sébastien de Chamfort

Lebe gesund und bewusst, körperlich und geistig. Was bedeutet das? Für mich bedeutet es, sich für die eigene Wahrnehmung zu öffnen und zu schauen, was mein Organismus mir mitteilt. Es bedeutet, dass ich auf Emotionen, Schmerzen, Gefühle und andere Wahrnehmungen achte und sie hinterfrage. Es ist, als würde ich dem, was ich wahrnehme, die Fragen stellen: „Was möchtest du von mir?", „Was möchtest du mir mitteilen?", „Was kann ich tun, damit ich dich richtig wahrnehme und das in meinem Leben annehmen/ändern kann, was angemessen ist?"

Dabei kann es um körperliche Empfindungen und körperlichen Schmerz gehen, aber auch um seelischen Schmerz. Wichtig sind für mich persönlich neben der Offenheit dabei einige Faktoren, die grundlegend sind:

- Ausreichend Bewegung und Sonnenlicht;
- Genügend gutes Wasser trinken;

- Gesunde und (für mich) überwiegend vegane Ernährung mit ausreichend regionalen, saisonalen und ökologisch sinnvollen Lebensmitteln;
- Geistige Fitness trainieren;
- Körperlichen und Seelischen Schmerz bzw. Dysbalance achtsam und angemessen wahrnehmen und prüfen (lassen);
- Regelmäßige Reflektion mit anderen Menschen;
- Achtsamkeit im Umgang mit mir und der Welt.

Die Punkte möchte ich ein wenig ausführen und dabei klarstellen, dass ich von meiner Meinung spreche und dich bitte, eigene Erfahrungen zu machen und deinen Weg zu finden. Du findest kein Leben in Balance, wenn du einen Ratgeber hast, den du blind befolgst. So bitte ich dich, öffne dich dir selbst.

Sich zu bewegen und genügend Sonne zu bekommen, ist das beste Antidepressivum ohne Rezept. Es hilft dir, dich kurzfristig besser zu fühlen. Bitte erzwinge nichts und glaube nicht an die Verpflichtung zur Höchstleistung. Normale Bewegung ist gesund, 100 Kilometer am Tag sicherlich nicht.

Gesundes Wasser ist eines, das gut aufbereitet und gereinigt ist. Hierzu gibt es gute Lösungen, nach denen du dich einmal umschauen kannst. Informiere dich, bevor du zu viel Geld ausgibst.

Ich lebe seit November 2012 vegan und genieße es und möchte dir nachfolgend einmal erklären, wie mein Verständnis eines gesunden und bewussten Lebens aussieht und wie man es im Alltag umsetzen kann. Du wirst erkennen, dass ich dabei nicht sehr theoretisch vorgehe, sondern Alltagstipps habe und dir Vorschläge und Angebote mache, wie auch du in deinem Leben, die für dich stimmige Variante gesunden und bewussten Lebens finden kannst.

Wenn wir die neuesten Forschungen zur Kenntnis nehmen, so spricht vieles dafür, dass wir keine Fleischfresser sind. Daher werden immer mehr Menschen Vegetarier und darüber hinaus Veganer. Mich beeindruckt die aktuelle Literatur und die aufkommende vegane Welle, die um sich greift. Es wird scheinbar chic und man zeigt sich klug, weitsichtig und trendy, wenn man vegan lebt. Daher möchte ich dich darauf hinweisen, dass du deinen eigenen Weg finden darfst, mit dem du dich anfreunden kannst. Du brauchst nicht dem einen Glauben abzuschwören um den anderen anzunehmen. Du brauchst doch kein 100 %

Vegetarier oder Veganer zu sein. Ich möchte dich nicht belehren oder anleiten, ein Leben zu führen, das genauen Spielregeln folgt, die du dann einzuhalten hättest. Ich bin mir sicher, dass hier Offenheit und Geduld angebracht sind, wie in allen Bereichen unseres Lebens. Daher möchte ich dir ein paar Fragen vorstellen und dich zum weiteren Nachdenken einladen. Du kannst schauen, was davon du für dich umsetzen kannst und wie du dabei vorgehen möchtest. Auf die vegane Ernährung und die damit verbundene Bewusstheit werde ich in dem Buch „Ganz einfach vegan für Anfänger, Einsteiger und Neugierige "ausführlicher eingehen.

Achte auf Schmerz und Dysbalance und darauf, dass du achtsam mit deinen Mitmenschen und dir selbst umgehst. Sprich über deine Sichtweise mit anderen Menschen und tausche dich aus. Kein Mensch ist unwürdig, niemand zu klein, groß, unwichtig oder was auch immer, um sich nicht austauschen zu können und eine Meinung zu erhalten. Gehe deinen persönlichen Weg und übe achtsame Kommunikation. Das ist in meinen Augen der einzige Weg, wirklich gesund in Balance zu leben.

Ich empfehle dir gerne, den eigenen Weg zu gehen, denn das hilft auch mir. Lasse dir nicht vorschreiben, was angeblich für jeden Menschen gut sein soll. Ich habe entdeckt, dass ich Fleisch und Fisch, Milch und Eier nicht mehr konsumieren möchte, aber ab und an genieße ich einen wirklich guten Käse. Ebenso esse ich gelegentlich vegetarische Alternativen, wenn eine vegane Variante nicht möglich oder geschmacklos wäre. Ich möchte mir nicht gute Gesellschaft entgehen lassen oder einen netten Abend durch schlechte Laune vermiesen, weil ich zu intensiv an den Dingen festhalte und nicht kompromissbereit bin. Seitdem ich in dieser Hinsicht lockerer vorgehe, geht es mir deutlich besser. Und dadurch habe ich gelernt, diese Verhaltensweise in mehreren Bereichen meines Lebens anzuwenden. Ich gehe gerne und regelmäßig ins Fitnessstudio, aber nicht aus Zwang. Wenn ich einmal keine Lust habe oder einen Freund treffen möchte, dann gehe ich vielleicht etwas mehr zu Fuß oder gleiche es anders aus, was mir an Bewegung entgeht. Mit lockeren und aufrichtigen Kompromissen kommst du in eine gesündere Balance, als mit einem starren Plan voller Pflichten. Es braucht mehr Offenheit, Ehrlichkeit und Disziplin, als der feste Plan, aber so kommt Genuss in das gesunde Leben.

Übung 10.1 Fragen zum bewussten Leben?

Stelle dir die nachfolgenden Fragen, wenn du es möchtest. Lass dich gerne einen oder mehrere Tage nur auf eine der Fragen ein und schau, was du an weiteren Fragen oder Antworten findest.

- *Was bedeutet bewusstes Leben für dich? Wo lebst du bewusst und was ist es, das du vielleicht ganz bewusst nicht beachtest oder ignorierst? Gibt es Gründe für dieses Verhalten? Magst du dir gestatten, darüber nachzudenken?*

- *Wie wichtig ist es für dich, dass Menschen und Tiere so frei wie möglich leben können? Wie sieht es aus mit Kleidung und anderen Gegenständen, die unter Ausbeutung von Mensch und Tier gewonnen und produziert werden? Wo könnte hier deine Grenze sein, die du nicht überschreiten magst? Was kannst du vermeiden und was vielleicht eher nicht?*

- *Hast du Befunde, die kontrolliert werden müssen oder hast du eine Störung deiner Affektivität (eher depressiv, eher manisch, Stimmungsschwankungen), bei der du besser erst einmal dein Hormonsystem kontrollieren lässt, inklusive deiner Schilddrüse?*

- *Was an deiner Ernährung ist gut für dich? Bist du mit deiner Figur, Gesundheit, deinem Ess- und Trinkverhalten und deiner Fitness zufrieden?*

- Hast du vegetarische und vegane Ernährung ausprobiert? Bist du vielleicht einmal wirklich bereit, es für etwa drei Monate zu versuchen?

- Wie wichtig sind die Gedanken und die Entscheidung von deinem Partner und Kindern bzw. Familie dabei? Wie stehen Sie möglicherweise dazu?

- Was sind mögliche sinnvolle Veränderungen deiner Gesundheit, Bewusstheit und Fitness? Bitte versuche nicht, hier die gleichen Antworten zu finden, die du schon seit Jahren nicht umsetzt. Gestatte dir, andere Möglichkeiten zu finden und versuche Dinge, die dir Freude machen und nicht genau das, was du nicht möchtest. Erlaube dir neue Entscheidungen zu treffen und andere Möglichkeiten auszuprobieren.

Übung 10.2 Körperliche Missempfindungen ausgleichen

Setze dich bequem hin und mache vorher noch eine Entspannungsübung. Das könnte sein: die Atemgleichgewicht-Übung aus dem Yoga, Autogenes Training, Progressive Muskelentspannung, Selbsthypnose oder eine Meditation. Oder starte gleich, nachdem du kurz einige Minuten nur deinen Atem wahrgenommen hast.

Spüre nun bitte in deine Hände hinein, nacheinander. Frage dich dabei, was du empfinden kannst. Es muss nichts

Bestimmtes sein. Alles ist richtig, so wie du es empfindest. Achte bitte darauf, ob du zum Beispiel Wärme, Kälte, Anspannung, Schmerz oder einen Pulsschlag fühlst. Achte vielleicht auch darauf, wo du diese Empfindungen machen kannst, ist es in einem oder mehreren Fingern oder an einer bestimmten Stelle deiner Hand, wie unter der Haut? Nimm einfach nur wahr und lass gerne alle Gedanken und Empfindungen zu. Widme dich nach kurzer Aufmerksamkeit wieder deiner Beobachtung der Hand/Hände.

Zuerst beginnst du bitte bei der linken Hand. Nimm Sie einfach ca. 2-3 Minuten wahr.

Dann achte bitte auf die rechte Hand, auch hier ca. 2-3 Minuten.

Nun bitte nimm wieder zuerst die linke und dann die rechte Hand wahr, aber nur circa eine Minute.

Nun spüre bitte in beide Hände hinein, bis du den Eindruck hast, dass das Gefühl sich in beiden Händen anzugleichen beginnt.

Nehme nun bitte deine körperlichen Missempfindungen wahr. Spüre, wo du in deinem Körper etwas wahrnehmen kannst, wie Kopfschmerzen, Migräne, Rückenschmerzen, Atemnot, Beklemmungen, Magen-Darm-Probleme, Nackenverspannungen oder andere Dinge.

Lass es zu, dass dieses Gefühl/ dieser Schmerz sich in dir aufbauen kann, so gut du es eben noch aushalten kannst. Es ist wichtig, das Gefühl zu erleben und wahrzunehmen, statt wegzulaufen oder es zu verfluchen.

Jetzt wird das Gefühl/ der Schmerz in deiner Empfindung aus deinem Körper gezogen. Lass dazu nun bitte diesen Schmerz in deiner Vorstellung nur in deine linke Hand fließen. Erlaube dir, in deiner Vorstellung das, was mit diesem Schmerz und diesem Gefühl zu tun hat, einfach in deine linke Hand laufen zu lassen, auch wenn es im ersten Moment nicht zu passen scheint, weil zu dem Kopfschmerz vielleicht noch eine Empfindung aus einer anderen Körperregion zu gehören scheint.

Jetzt stellst du einen Ausgleich her. Teste dazu doch einmal die drei wichtigsten Sinneskanäle und schaue, welcher Kanal dir im vorliegenden Fall weiterhilft, damit du ihn als Gegenpol zum Auspendeln nutzen kannst.

- Nutze ein positives Bild oder einen schönen Film, damit du etwas Positives sehen kannst.
- Nutze eine positive Affirmation, die dir hilft auszupendeln.
- Spüre in ein schönes Gefühl hinein, dass dir hilft, das negative Empfinden auszugleichen.

Nutze bitte den Sinneskanal, der dir am besten hilft, um in ein genau gegenteiliges Empfinden auszupendeln und nimm eine der Möglichkeiten wahr. Das kann ein schönes Bild oder einen Film sein, in dem du glücklich bzw. schmerzfrei warst/bist oder eine einfach gegenteilige Erfahrung machst, dass beispielsweise dein Rücken warm oder dein Kopf klar, frei und frisch ist. Es ist auch möglich, dass du eine Affirmation nutzt wie: „Meine Brust ist ganz leicht und weitet sich". Du kannst auch ein positives Gefühl wahrnehmen, dass mit Verbundenheit, Liebe, Aufmerksamkeit und/oder Aufrichtigkeit zu tun hat.

Nun spüre wieder in beide Hände hinein und achte darauf, wann das Gefühl sich wieder angleicht.

So kannst du nach und nach mit jeder Empfindung weiterarbeiten, wenn du möchtest. Du kannst aber auch nur eine Missempfindung aufarbeiten. Spüre einfach, ob du mehrere Gefühle nacheinander aufarbeiten kannst oder nicht.

Nun könntest du noch einen Durchgang machen, bei dem du dir erlaubst, alle seelischen Ungleichgewichte zu scannen und die bisher nicht bewusst gefundenen Teile gemeinsam auszugleichen.

Beginne hierbei jeweils nach der Synchronisationsübung, die du nur vor der ersten Bearbeitung machen solltest. Somit nimm wahr, worum es geht und bearbeite dies dann bis zum Gleichgewicht der Hände, das den Abschluss bildet.

Dann komm wieder mit deinem Bewusstsein nach außen und öffne die Augen.

Diese Übung kannst du gerne mehrere Male am Tag wiederholen. Du wirst merken, dass dein Ego immer weniger Interesse haben wird, sich aufzubauen. Und du wirst immer entspannter reagieren können, weil du erlebte Situationen damit bearbeiten kannst.

Übe es gerne zuerst einmal mit Situationen aus deiner Erinnerung und dann gehe in die alltägliche Praxis und erlebe, wie du in Alltagssituationen damit umzugehen lernst, deinen Schmerz auszupendeln. Achte bitte auch ausdrücklich darauf, hierdurch keine Heilbehandlungen zu ersetzen. Es soll dir helfen, dich zu stärken, es ersetzt nicht den Arzt oder Heilpraktiker.

11. Sei du selbst

Als ich mich selbst zu lieben begann...

Als ich mich selbst zu lieben begann,
konnte ich erkennen, dass Qualen und emotionales Leiden nur
Warnzeichen für mich sind,
dass ich gegen meine eigene Wahrheit lebe. Heute weiß ich, das
ist authentisch sein.

Als ich mich selbst zu lieben begann, verstand ich, wie sehr es
jemand verletzen kann,
wenn ich versuche, diesem Menschen meine Wünsche
aufzuzwingen,
obwohl ich wusste, dass die Zeit dafür nicht reif war und der
Mensch nicht bereit,
obwohl ich selbst dieser Mensch war.
Heute nenne ich das Respekt.

Als ich mich selbst zu lieben begann,
hörte ich auf, mich nach einem anderen Leben zu sehnen,
und konnte sehen, dass alles um mich herum eine Einladung
zum Wachsen war.
Heute nenne ich das Reife.

Als ich mich selbst zu lieben begann,
gab ich es auf, mir meine Zeit zu stehlen, und ich hörte auf,
weiter riesige Projekte für die Zukunft zu entwerfen.

Heute mache ich nur das, was mir Spaß macht und Freude,
was ich liebe und worüber mein Herz jubelt.
Und ich mache das auf meine eigene Art und in meinem
eigenen Rhythmus.
Heute nenne ich das Einfachheit.

Als ich mich selbst zu lieben begann,
verstand ich, dass ich in jeder Situation am richtigen Ort und
zur richtigen Zeit bin
und dass alles, was geschieht, richtig ist.
Deshalb konnte ich ruhig sein.
Heute nenne ich das Selbstvertrauen.

Als ich mich selbst zu lieben begann,
befreite ich mich von allem, was nicht gut für meine Gesundheit
war,
von Speisen, Menschen, Dingen, Situationen und von allem,
das mich nach unten zog und weg von mir selbst.
Anfangs nannte ich das gesunden Egoismus.
Heute weiß ich, das ist Selbstliebe.

Als ich mich selbst zu lieben begann,
hörte ich auf, immer recht haben zu wollen,
und seitdem habe ich mich weniger oft geirrt.
Heute entdeckte ich, das ist Bescheidenheit.

Als ich mich selbst zu lieben begann,
weigerte ich mich, weiter in der Vergangenheit zu leben
und mir Sorgen um meine Zukunft zu machen.

Jetzt lebe ich nur noch in diesem Augenblick, in dem alles geschieht.
So lebe ich heute jeden Tag, Tag für Tag, und nenne es Erfüllung.

Als ich mich zu lieben begann,
erkannte ich, dass mich mein Verstand durcheinander bringen und krank machen kann.
Als ich ihn mit meinem Herzen zusammenbrachte,
wurde er ein wichtiger Verbündeter.
Diese Verbindung nenne ich heute Herzensweisheit.

Wir brauchen uns nicht weiter vor Auseinandersetzungen, Konflikten oder irgendwelchen Problemen mit uns selbst und anderen zu fürchten.
Selbst Sterne krachen aufeinander und aus ihrem Zusammenprall werden neue Welten geboren.
Heute weiß ich: So ist das Leben.

Charlie Chaplin, an seinem 70. Geburtstag, am 16. April 1959 (angeblich)

Ich bin vieles in meinem Leben gewesen, aber nicht ich. Als Versicherungsmensch musste ich Fachmann sein und darauf achten, dass ich mich passend anziehe. An meinen Kunden orientierte sich meine Kleidung und mein Verhalten. Ich legte die Termine so, dass ich mit gleichartigen Menschen Termine verabredete und mich zu ihnen passend anzog. Bei den Terminen, die zum Tageskonzept nicht passten, habe ich dann gesagt, dass ich mich wegen anderer Menschen dementsprechend angezogen habe. Somit wollte ich es allen recht machen und gab mir kein Profil. So habe ich auch meiner Exfrau damals den Eindruck vermittelt, sie müsste das „blonde kleine Hübschi" an meiner Seite sein, welches man vorführen kann. Ich sah damals das Besondere an ihr und sie war ein wundervoller Mensch und eine bildschöne Frau. Mein Fehler war jedoch, dass ich ihr dieses Gefühl nicht deutlich vermittelt habe, sondern sie ebenso in meine „Verkleidungsspiele" gezwungen habe wie mich. Sie ist immer noch eine liebevolle und schöne Frau und heute kann ich es aussprechen. Heute brauche ich mich nicht mehr zu verkleiden und auch niemand in meinem Umfeld. Ich ermutige Menschen gerne auf herzliche Art, diese Verkleidungen abzulegen und zu schauen, wer sie wirklich sind. Es geht diesen Menschen dann ebenso besser wie mir und wir haben ein viel herzlicheres und wärmeres Miteinander.

Bist du wirklich du selbst? Ist das, was dein Leben wirklich auszeichnet, in jeder Situation authentisch zu sein? Bist du ein Mensch, der allen anderen Menschen klar und direkt sagt, was er fühlt und denkt? Wahrscheinlich bist du das nicht, zumindest nicht immer. Meine Arbeit zeigt mir, dass dies ein ganz großes Problem unserer Gesellschaft ist. Sich authentisch, ehrlich, offen und verletzlich zu zeigen bedeutet eben auch, dass man angreifbar wird. Und da wir uns ständig versuchen in Sicherheit zu wiegen, wollen wir dieses Risiko nicht eingehen. Diese Sicherheit wäre jedoch genau das, woran wir sterben würden. Wenn alles in unserem Universum nach Sicherheit streben würde, wären wir immer noch einzellige Lebewesen oder die Natur hätte das, was wir als Leben kennen, nicht einmal versucht auszuprobieren. Warum auch? Es würde keinen Sinn machen, etwas zu verändern. Sicherheit ist schließlich wichtig. Wir möchten auch gerne ewig leben, aber leiden jetzt schon an der Überbevölkerung unserer Erde. Was wäre, wenn wir nun niemals sterben würden? Die Menschheit und das Leben entwickelten sich nicht weiter, der Erdball würde nur unglaublich schnell überbevölkert und Hungersnöte, Kriege und Elend würden rasant um sich greifen.

Wenn wir nun sagen, dass Sicherheit gar nicht möglich wäre, könnten wir dann authentisch sein? Ja, aber es ist ein großer Schritt für dich und das kann ich gut nachfühlen. Die Sicherheit erschwert uns oftmals die Authentizität, da wir durch unsere Verletzbarkeit angreifbar würden und damit Unsicherheit entstünde. Wenn wir nun also den Mut aufbringen uns zu öffnen, dann werden wir verletzbar und damit unsicher. Wenn du möchtest, kannst du dich jedoch auf die Reise machen und nach und nach erleben, dass es möglich ist, auf Unsicherheiten zu reagieren, statt vor ihnen wegzulaufen und sie vermeiden zu müssen.

Es geht also bei der Authentizität nicht um das Streben nach Sicherheit, sondern darum, Flexibilität zu erlernen. Wenn du dich nach und nach besser darauf einlassen kannst, keine Sicherheit zu benötigen, kannst du viel authentischer sein. Es macht dir immer weniger bis hin zu keinerlei Angst, dass etwas geschehen könnte. Du lernst, auf dich und deine Spontanität zu vertrauen, und somit gewinnst du bald die Erkenntnis, dass du sein kannst, wie du bist. Ja, du bist gut und liebenswert genug, Mensch genug und liebevoll genug. Diese Worte sind dir gewidmet, auch wenn ich dich nicht kenne. Ich glaube daran, dass du viel liebenswerter tief in dir bist, als du vielleicht selbst sehen kannst. Du kennst dich vielleicht nicht so, weil du gelernt hast, jemand anderer sein zu müssen. Das ist aber nicht die Wirklichkeit, sondern eine Lernerfahrung. Du bist darauf konditioniert worden, so zu denken und zu empfinden, aber es entspricht nicht der Wirklichkeit. Versuchst du, dich darauf einzulassen, kannst du mit der Zeit einige Erfahrungen damit sammeln, wer du bist. Wenn du dabei nicht immer gleich den Erfolg hast, den du dir in deinem Herzen wünschst, ist das eine ganz normale Sache. Du hast dein ganzes Leben lang daran gearbeitet, nicht du zu sein, weil das nicht gut genug sein würde. Nun arbeitest du daran, du selbst zu sein und vielleicht enttäuscht es dich, dass du deine Persönlichkeit nicht gleich um hundert Prozent drehen kannst. Seinerzeit hast du jedoch auch nicht gleich eine falsche und nichtauthentische Persönlichkeit besessen, sondern auch diese hat sich erst aus Erfahrungen entwickelt. Da dir das nicht bewusst ist, möchte ich nachfolgend genauer auf diese Entwicklung eingehen.

Frühe Erfahrungen sind oftmals die Streitgespräche unserer Eltern. Das kann sogar schon dann sein, wenn wir uns noch im Mutterleib befinden. Menschen reagieren nicht nur emotional, sondern auch körperlich. Selbst die emotionale Reaktion eines Körpers hat körperliche Elemente, denn Hormone und vieles mehr steuern uns. Daher wird auch das ungeborene Leben bereits körperlich und emotional beeinflusst. Als Kind erleben wir weiterhin fehlende Authentizität unserer Eltern mit sich und mit ihrer Beziehung zueinander und zu anderen Personen. Das ist für uns eine schlimme Erfahrung. Wir sind als Kinder vollkommen authentisch, liebenswert und offen. Nach und nach lernen wir, dass das nicht angemessen und gut ist. So lernen wir, uns anzupassen, zu tarnen und nicht authentisch zu sein.

Psychopharmaka, die meines Erachtens viel zu schnell verschrieben werden, sind ebenso ein Problem, dass uns nicht authentisch sein lässt. Wir müssen in die Norm der unbewussten Menschen passen und dürfen unsere Gefühle nicht wahrnehmen. Wir dürfen die gefühlte Ohnmacht nicht erleben, wir sollen lieber unbewusst ohnmächtig sein, weil Medikamente uns betäuben. Eine von der Krankenkasse bezahlte Psychotherapie bedeutet in Deutschland 2013 im Schnitt 14,2 Monate Wartezeit; Medikamente gibt es sofort. Dazu kommen die Worte von den Ärzten, die in Psychotherapie keine Ausbildung haben, meist Hausärzte („Universaldilletanten" nach Dr. Ruediger Dahlke). Diese sagen dann gerne Dinge wie: „Sie haben eine Depression und die geht nie wieder weg. Damit müssen Sie jetzt leben." Kein Wunder, dass du dann in der Falle sitzt und dich zum Zombie entwickelst, der nicht mehr handlungsfähig oder bewusst sein kann.

Martin Seligman redet hier gerne von der antrainierten Hilflosigkeit. In seinem Buch „Pessimisten küsst man nicht" hat er 1990/1991 bereits gesagt, dass wir durch den biomedizinischen

Ansatz weitgehend normale Menschen in Patienten verwandeln und sie von äußeren Mitteln abhängig machen. Der wohlmeinende Arzt verschreibt Antidepressiva, die zwar nicht abhängig machen, jedoch die Depression wieder auftreten lassen, wenn das Medikament abgesetzt wird. Dadurch kann der so behandelte Mensch sich sein neues Glück nicht selbst zuschreiben und bleibt gefangen. Somit werden emotionale Probleme, die wir mit eigenen Fähigkeiten und Handlungen lösen könnten, an eine äußere Instanz überwiesen. Meines Erachtens haben wir im Bereich der Esoterik ähnliche Phänomene. Durch Channeling, die Nutzbarmachung von Engeln und anderen Figuren oder Hilfestellungen, schieben wir das Problem weg und übergeben es nach außen. Dies mag vielleicht im Ausnahmefall begrenzt sinnvoll sein, ist aber keine Dauerlösung, und genau das geschieht nach meiner Beobachtung viel zu oft.

In der nachfolgenden Übung möchte ich dir ein paar Fragestellungen anbieten, die dir ermöglichen können, die fehlende Authentizität festzustellen um daran arbeiten zu können. Bitte lasse dir dabei ein wenig Zeit und sei nicht zu schnell unterwegs zu deiner neuen Freiheit. Versuche, deine eigene Geschwindigkeit zu ermitteln und an das anzupassen, was dir begegnet. Weder dieses Buch noch dein Leben sind an dieser Stelle an einem Ende angekommen. Es muss also nicht sein, dass du hier zur Perfektion gelangst. Sollte es dadurch geschehen, wäre es vollkommen in Ordnung. Wenn nicht, dann allerdings auch. Nochmals möchte ich klar darauf hinweisen, dass du dich nicht unter Druck setzen solltest, um dein Ziel zu erreichen, denn das würde dir eher schaden. Ich möchte dich eher einladen, nach und nach einige Erfahrungen zu sammeln, die nicht aus zu großen Schritten bestehen müssen. Es ist nicht wichtig, zu schnell zu viel zu erreichen, sondern weiterzugehen.

Übung 11 Authentisch und aufmerksam werden

Beobachte den vergangenen Tag. Schreibe dir auf, an welcher Stelle du nicht authentisch gewesen bist. Nun erlaube dir die Frage, wie du dich besser selbst hättest zeigen können. Dann gestatte dir die Frage, wie du besser hättest vorgehen können, ohne dabei zu weit zu gehen. Vielleicht gestattest du dir auch die Frage, wie du genau an diesem Punkt ein besseres Verhalten hättest zeigen können, das dich klar zu erkennen gibt, ohne andere Menschen zu verletzen.

Daraus kannst du nach und nach Erfahrungen sammeln, wie du dich zeigen und schrittweise eine Veränderung herbeiführen kannst. Sei dabei bitte aufmerksam mit dir und deinen Gefühlen und Gedanken. Eine zu schnelle Veränderung ist nicht das, was es zu erreichen gilt. Es würde deine Umwelt und dich sicherlich zu sehr verunsichern, und der Prozess, der entstehen kann, wäre nicht gut und ehrlich. Diese gute und ehrliche Erfahrung würde dir gut gefallen können, die eher brutale Variante wirst du sicherlich ablehnen.

12. Verletzlich sein dürfen

„Wenn wir glücklich und zufrieden sein wollen,
müssen wir eben das machen,
was uns glücklich und zufrieden macht!"
Pippilotta Viktualia Rollgardina Pfefferminz Efraimstochter
Langstrumpf

Ich habe früher sehr viel Alkohol getrunken, bis zu 80 Zigaretten am Tag geraucht und sinnlos gefressen. Drogen habe ich nicht konsumiert, aber nicht wegen einer starken Persönlichkeit, es ist einfach nicht dazu gekommen. Ebenso habe ich endlos viele Affären gehabt, die mir keine Erfüllung brachten, aber mich abgelenkt haben. Ich habe damit am allermeisten mich verletzt. Die Frauen, denen ich auf diesem Wege Leid zugefügt habe, haben meine aufrichtige Entschuldigung verdient. Von Herzen bedaure ich es, nicht aufrichtig gewesen zu sein. Derjenige, der dabei jedoch am meisten verletzt wurde, war ich. Das soll nicht meine Entschuldigung schmälern, es ist einfach nur die Wahrheit. Ich habe niemandem damit einen Gefallen getan, am wenigsten mir selbst. Heute benötige ich eine solche Ablenkung nicht mehr und ich genieße mein Leben dabei in vollen Zügen, weil ich mutiger und aufrichtiger geworden bin.

Macht es dir Angst, Verletzungen zu spüren und deine Verletzbarkeit wahrzunehmen? Wahrscheinlich ist das so. Wir haben nicht gelernt, unsere Verletzbarkeit als etwas wahrzunehmen, von dem wir lernen und was wir nutzen können. Wir lernen aus unserer Verletzbarkeit, was wir abzustellen und zu verleugnen haben. Dabei verlieren wir die wichtigen Impulse, die unser Leben bereichern könnten. Ich möchte dich gerne dazu einladen, deine Verletzlichkeit empfinden zu können und daraus Stärke werden zu lassen. Es kann eine große Bereicherung sein, sich offen zeigen zu können und seine Verletzungen zur Weiterentwicklung zur eigenen Kraft und Stärke zu nutzen.

Das klingt beängstigend, ist aber eher befreiend, wenn du es anzunehmen bereit bist. Der Vergleich mit unserem Organismus macht es möglicherweise anschaulicher. Wenn du dich verletzt, so blutet dein Körper. Hierdurch zeigt er dir an, wo Aufmerksamkeit hingehört. Wenn du nun darauf achtest und schaust, wie Schmerz und Blut verursacht worden sind, so kannst du nach den Ursachen forschen und diese sowie die Folgen abstellen. Der Körper hat hierzu enorme

Selbstheilungskräfte. Diese Selbstheilungskräfte sind auch bei seelischen Verletzungen vorhanden und werden als Resilienz bezeichnet. Das ist der Ausdruck für die seelische Widerstandskraft. Es gibt Menschen, die unglaublich viel an seelischen bzw. körperlichen Belastungen aushalten können. Das sind jedoch nicht alle Menschen. Diejenigen, die zu ihrer Verletzlichkeit stehen können und sich nicht voller Scham davon abwenden müssen, haben eine größere Resilienz als die Menschen, die ihren Schmerz nicht wahrnehmen wollen oder können. So läuft das Blut weiter, der Schmerz ist weiter vorhanden, und die Seele ist nach wie vor verletzt und darf nicht heilen. Du kennst es sicherlich, dass du dich einerseits mit Dingen nicht auseinandersetzen willst und sie andererseits immer wieder betäuben musst, ob mit Alkohol, Drogen, Heißhungerattacken, sinnlosen Affären oder anderweitig. Die Leere, die du vorher verspürt hast, bleibt jedoch bestehen. Du läufst nur vor deinem Problem weg und denkst, so kann es dich nicht einholen. Das hat übrigens einen Fachbegriff, man nennt es Prokrastination, im Volksmund Aufschieberitis. So wird kein Problem besser, und der Schmerz lässt nicht nach.

Im Privatleben, in einer Familie und im Arbeitsleben lässt die mangelnde Verletzbarkeit die Beziehungen sterben. Wir haben Angst vor Ablehnung bei uns selbst und vor dem, was unsere Schwäche bei anderen Menschen auslöst. Daher brauchen wir den antrainierten Schutzschild und wollen nicht schauen, was ehrlich und angemessen sein würde. Wir lernen, den Versuch nicht zu unternehmen, weil wir Verluste erleiden können. Das wird nach und nach immer weiter perfektioniert, denn das lernen wir im Laufe unseres Lebens. Wir werden zumeist mit Werten konfrontiert, die wir bei anderen Menschen nicht erleben.

Unsere Eltern gehen mit uns einkaufen und bemerken, dass der Kasten Wasser im Einkaufswagen nicht bezahlt wurde. Sie drehen sich nicht um, sondern meinen, dass dieser Supermarkt eben Pech gehabt habe. Sollte nun die Kassiererin entlassen werden, weil ein Supervisor diese Sache beobachtet hat, so haben unsere Eltern wegen einem sehr geringen Betrag diese Entlassung zu verantworten. Mutig, richtig und aufrichtig wäre es, zur Kasse oder Information zu gehen und den Betrag zu bezahlen. Als Kassiererin würden wir einen solchen Menschen doch als wunderbare Bereicherung des Tages empfinden und uns wertgeschätzt fühlen. Unsere Kinder und die Menschen, die diese Tat mitbekommen, würden ebenso darüber nachdenken, was richtiges Verhalten ist. So lernen Menschen die richtigen und wichtigen Werte kennen. Wenn du möchtest, schau doch, ob es solche Dinge in deinem Leben gibt, die du noch ändern bzw. ausgleichen kannst und das vielleicht sogar, bevor du weiterliest.

Verletzbar zu sein und das zu zeigen, ist keine Schwäche. Wir sind sogar so gestrickt, dass wir Menschen verachten, die ihre Seele nicht so gut verschließen können, wie wir es gelernt haben. Dabei bedeutet die Verletzlichkeit doch Mut, Offenheit, Stärke und ein ehrliches und aufrichtiges Wagnis. Es ist mutig, sich verletzbar zu zeigen und daraus Lehren annehmen zu können. Es ist Stärke, die eigene Maske abzunehmen, und es bereichert meine zwischenmenschlichen Beziehungen, weil ich andere Menschen auch dazu ermutige, dies zu tun. Durch diesen Mut wird meine Angst, keine Chance mehr haben, Besitz von mir zu ergreifen. Auch wenn es anfangs unangenehm ist, wie etwa der Knoten im Magen oder der Frosch im Hals, so fühlst du dich menschlicher, lebendiger und nach und nach immer freier. Du wirst sicherlich feststellen, dass Schwäche nicht bedeutet, Verletzlichkeit zu zeigen, sondern sie zu unterdrücken. Je verletzlicher und verwundbarer du bist, umso weniger geschützt stehst du vor den anderen Menschen. Du wirst nach und nach nackt vor deine Mitmenschen treten und ihnen klar zeigen können, wer du bist. Ist das nicht ein Traum, das aushalten zu können? Ist das nicht wahre Größe und Stärke, die wünschenswert wäre? So viel Mut, dass du dich jedem klar und offen zeigen kannst, ohne dass es wichtig wäre, wie dein Gegenüber reagiert: das ist ein unglaubliches tiefes Gefühl der Selbstverbundenheit.

Dabei braucht es allerdings auch das richtige Maß. Es geht nicht darum, Menschen dein Leben aufzudrängen und sie mit deinen Gefühlen zu überfallen oder zu überfordern. Zuerst einmal ist es wichtig, zu dir offen und aufrichtig zu sein. Dann ist es wichtig, ein Gefühl der angemessenen Offenheit zu entwickeln. Jeden Menschen mit deinen Problemen zu belasten, damit du dich wieder im Versteckspielen bestätigt fühlst ist eine Taktik, die viele Menschen anwenden, um die mangelnde Verletzbarkeit zu bewahren. Dies ist jedoch eine massive Überforderung in unangemessener Art. Versuche bitte ein Gefühl dafür zu entwickeln, wann und wo du worüber offen sprichst. Auch hier ist die Verletzbarkeit ein Weggefährte, der dir hilft, dich und deine Offenheit zu kalibrieren.

Wir möchten alle nicht verletzlich sein, aber wir schätzen es an unseren Mitmenschen, wenn sie sich offen zeigen. Bei anderen Menschen erlebe ich

Offenheit und Verletzbarkeit gerne, wenn sie nicht im Übermaß aufgedrängt wird. Meine eigene Verletzbarkeit behalte ich lieber für mich. Bei anderen Menschen erkenne ich den Mut dahinter, und bei mir halte ich es für einen Makel, mich offen zu zeigen. Oder es ist sogar so, dass uns das Leid anderer Menschen glücklich macht, weil es uns von den eigenen Problemen ablenkt und wir diese nicht mehr so sehr wahrnehmen. Hast du dir einmal die Frage gestellt, was du alles wagen würdest, wenn du wüsstest, dass du nicht scheitern kannst?

Unsere Umwelt hat uns lernen lassen, dass wir durch eine Vielzahl von Umständen nicht verletzlich sein dürfen. Anwälte, Soldaten, Polizisten, Ärzte, Gerichtsvollzieher und viele andere Berufsgruppen müssen sich regelrecht Emotionalität aberziehen und dürfen nicht verletzlich sein. Es gibt unglaublich viele Berufe, in denen man nicht emotional sein darf und schon gar nicht verletzbar. So zwingen wir uns, Sicherheit herzustellen und tappen damit in eine unglaubliche Falle. Durch unser Bestreben nach Sicherheit suchen wir nach dem Unmöglichen. Wir können lernen, auf neue Situationen zu reagieren, aber wir werden nie sicher. Daher aktivieren wir nach und nach immer mehr Schutzschilde und unsere Wahrnehmung wird immer trüber. Dadurch nehmen wir die Welt nicht mehr wahr, wie sie ist. Wir legen die Brille ab und unsere Augen werden immer schlechter, damit wir die Falten nicht sehen müssen, die zahlreicher werden. Daraus entsteht ein Anspruch an Perfektionismus und Sicherheitsdenken, der nicht erfüllbar ist und mich bremst. Wir können der Verletzbarkeit nicht entkommen, wir können uns nur zu tarnen versuchen und im Wegschauen üben. Das ist nicht Sicherheit, sondern es ist wie das Kind, das sich die Augen zuhält und nun meint, es könne nicht gesehen werden, weil es selbst nichts sieht.

Wenn du deine Verletzlichkeit nach und nach dir selbst eingestehen kannst, wirst du sicherlich sensibler für deine Empfindungen werden, und du wirst merken, dass es dir gut tun kann und wird. Es ist ein wichtiger Schritt, die eigene Verletzbarkeit wahrzunehmen. Du alleine entscheidest, wie wagemutig du dabei bist. Kleinere Schritte sind dabei besser als keine Schritte. Du wirst sicherlich zugeben, dass du besser damit zurechtkommst etwas wahrzunehmen, als nichts wahrzunehmen. Du wirst zustimmen, dass das Butterbrot vor dir den Hunger besser stillt, als das Festessen, das du erst noch einkaufen und dann zubereiten müsstest. So ist es hier auch. Gib dir die Gelegenheit, deine Verletzbarkeit wahrzunehmen und dann lerne kennen, wie du dich dabei anderen Menschen öffnen und auch mit diesen über deine Empfindungen angemessen sprechen kannst. Der Dialog ist wichtig, aber zunächst braucht es eine klare Wahrnehmung von dem, was dich schmerzt. In der nachfolgenden Übung möchte ich dich einladen, diese Wahrnehmung vielleicht zum allerersten Mal kennenzulernen. Achte bitte sorgsam auf dich und darauf, wie schnell du wie weit gehen kannst oder wie viel Zeit du brauchst, um an die wichtigen Fragestellungen heranzugehen.

Übung 12 Sei offen und verletzbar

„Rede nicht ständig von deinen Problemen. Versuche einfach, ein einziges Problem zu lösen. Du kannst sicher sein, dass sich der Rest deiner Probleme dann von selbst ergeben wird."
Sri Chinmoy

Frage dich in einem ruhigen Moment, vielleicht abends, welche Dinge dich in der letzten Zeit geschmerzt und belastet haben. Dann gib dir die Chance, einige der nachfolgenden Fragen zu überdenken. Achte darauf, dass deine Antworten vielleicht bald ehrlicher und schöner werden.

- *Wann habe ich heute verletzt reagiert?*

- *Worauf reagiere ich vielleicht ganz unbewusst auf verletzte Art?*
- *Was hat mir heute Schmerz bereitet?*
- *Auf welchen Menschen würde ich gerne wieder zugehen?*
- *Was ist in meinem Leben noch nicht abgeschlossen oder verarbeitet?*
- *Was hätte ich heute ehrlicher erledigen können und gibt es einen Grund, warum ich nicht aufrichtiger war?*
- *Kann ich eine nicht aufrichtige Tat noch angemessen wieder gutmachen?*
- *Was würde ich gerne in Angriff nehmen, wenn ich wüsste, dass ich nicht scheitern kann?*

Du wirst sicherlich merken, dass du nach und nach erst einmal immer größere und vertracktere Dinge entdeckst. Dies wird sich jedoch umkehren und du wirst lernen, dass du gut auf belastende und verletzende Dinge zugehen kannst, weil du die Qualität deiner Entdeckung bewerten und sehen kannst, dass es gut tut, diesen Dingen Aufmerksamkeit zu geben.

Es ist mir an dieser Stelle wichtig, dir klar zu sagen, dass du nicht alles alleine schaffen musst. Solltest du ein Trauma oder ein pathogenes Ereignis aufdecken, das dich belastet, so solltest du damit zu einem Arzt, Heilpraktiker, Psychologen, Coach/Berater oder Psychiater gehen und dir helfen lassen. Niemand ist gezwungen, alle Herausforderungen des Lebens alleine zu bestehen.

Pathogene Ereignisse sind übrigens solche, die einem Trauma (Verletzung) sehr nahe kommen, jedoch keine konkrete Bedrohung für Leib oder Leben darstellen bzw. dargestellt haben. Sie sind jedoch nicht weniger belastend, sondern nach aktuellen Untersuchungen teilweise sogar noch wirksamer, Depressionen zu erzeugen, beispielsweise wenn es um Herabsetzung, Erniedrigung, Trennung, Verlust und Beschämung geht. (Risch et al. JAMA 2009)

Du darfst dir gerne Mut geben und dir sagen, dass du nicht alles auf einmal schaffen musst und ein Anfang besser ist, als nichts zu tun. Sage dir gerne, dass du unvollkommen, verletzlich und ängstlich sein darfst. Es ist nicht wichtig, ob du heute alles erreichen kannst oder ob du am nächsten Tag noch Dinge weiter verfolgen musst. Deine Wertigkeit als Mensch hängt nicht von Perfektion oder „Soll-Erfüllung" ab, sondern davon, verletzbar sein zu dürfen und es wahrzunehmen. Das ist Wertschätzung für dich und deine eigenen Werte. Sei du selbst, achte deine neue Wertschätzung und Aufmerksamkeit dir selbst gegenüber und schaue, wie du weiterkommst. Du wirst sehen, deine Schritte werden nach und nach von alleine größer, wenn du nicht mehr darauf achtest, aber weitergehst, egal wie klein dir die Schritte anfangs erscheinen.

13. Fühle mit dir selbst

"Liebe den Narren in dir, der zu viel fühlt, zu viel sagt, zu viel wagt, manchmal gewinnt und oft verliert, keine Selbstkontrolle hat, der liebt und hasst, verletzt und verletzt wird, verspricht und bricht, lacht und weint."

Theodore Isaac Rubin

Bist du bei anderen Menschen in der Lage, leicht zu verzeihen? Dir selbst verzeihst du jedoch nicht, was du für Fehler begangen hast, oder? Mir ging es so. Ich habe viele Fehler gemacht in meinem Leben und heute kann ich sie wahrnehmen und wohlwollend damit umgehen. Mein Verständnis für mich hat auch das echte und tiefe Verständnis für meine Mitmenschen wachsen lassen. Die anderen Menschen begegnen mir ebenso anders, sie sind auch viel aufrichtiger. Es ist selbstverletzendes Verhalten, sich ständig Vorhaltungen aus einem hyperaktiven Über-Ich heraus zu machen, in dem Ideale abgespeichert sind, die man gar nicht umsetzen kann, weil die Ziele viel zu hoch gesteckt und unmenschlich idealisiert sind. Heute gestatte ich mir, ich selbst zu sein und nicht perfekt sein zu müssen.

Selbstmitgefühl braucht Selbstwahrnehmung. Dazu gehört das vorherige Kapitel mit dem Thema Verletzbarkeit. Wenn du deine Verletzbarkeit wahrnehmen kannst, kannst du auch ein Mitgefühl für dich entwickeln, wie du es vielleicht bei anderen Menschen pflegst. Vielleicht bist du ein Mensch, der sich wie ein seelischer Mülleimer fühlt, weil sich andere gerne bei dir ausweinen. Vielleicht denkst du, dass du dazu kein Recht hast oder glaubst, du bist stark genug. Du sehnst dich vielleicht danach, dich zu öffnen, aber es scheint ein Zeichen von Schwäche zu sein. Dafür strebst du nach Perfektionismus, der aber zumeist nicht eintritt oder viele Dinge unendlich verzögert.

Der Anspruch, in allem perfekt zu sein, hieße für uns, dass wir nichts mehr ausprobieren dürfen. Das wäre ein unglaublicher Verlust. Das Schlimme ist: wir leben genau so. Es ist das Gesellschafts- und Schulsystem, das uns prägt, nicht mit uns zu fühlen, sondern der Norm zu folgen und bewertet zu werden. Gerne spreche ich hier zwei Menschen an, die nicht nur mein Leben auf eine besondere Art bereichern, sondern die so unglaublich aufmerksam und liebenswert sind, dass ich sie als Bereicherung unserer Gesellschaft empfinde. Beide sind übrigens Lehrer und haben mit Kunst zu tun.

Pino ist kein Lehrer mehr, sondern mittlerweile Künstler und lebt nur noch von seiner Kunst, und das sehr bescheiden. Seine Zeichnungen sind seit etlichen Jahren sehr kindlich und machen ihm und vielen anderen Menschen Freude. Der Beruf als Lehrer bereitete ihm irgendwann keinen Spaß mehr. In Malkursen zeigte er Menschen, dass es jedem gegeben ist, malen zu können, wenn man es versucht. Und sein Hinweis auf die Flecken und Fehler auf seinen Bildern zeigt, dass es nicht um Perfektion geht, wenn man Kunst schafft oder Freude bereiten möchte. Natürlichkeit ist sein Markenzeichen - nicht nur in der Kunst - und dafür möchte ich ihm herzlich danken. Er holt mich immer wieder zurück in die Realität.

Melanie ist Lehrerin an einer Realschule, und Kunst ist eines ihrer Unterrichtsfächer. Sie sprach mit mir darüber, wie sehr die Jugendlichen sich bemühen, in den vorgegebenen Rahmen zu passen, statt Neues zu versuchen und ihn zu verlassen. Sie war fassungslos in ihrer wunderbaren Art darüber, wie angepasst diese Kinder sind und was es für eine unglaubliche Herausforderung ist, Kinder, Jugendliche und Erwachsene zu ermutigen, sich aus dem festgefahrenen Denkmuster zu befreien. Sie ist so kreativ, aufgeschlossen, authentisch und selbstreflektiert, dass ich jedes Mal von unseren

Begegnungen fasziniert bin und von dem, was ich wieder Wunderbares von ihr lernen durfte.

Würden wir mehr solche Lehrer haben, die Schule könnte uns zu einem besseren Menschen machen. Ein besserer Mensch sein, bedeutet für mich in diesem Fall: Authentizität lernen und zeigen. Es bedeutet: sich selbst fühlen und Selbstmitgefühl entwickeln. Es bedeutet Respekt statt Grenzen sowie Liebenswürdigkeit mit sich und anderen. Wenn du dich ermutigen kannst, mit dir selbst zu fühlen, wirst du nach und nach ganz neue Dinge an dir erkennen.

Es geht nicht darum, Perfektionismus zu entwickeln. Ganz im Gegenteil, Perfektionismus ist die Bremse der Kreativität, der Evolution und des Lebens an sich. Sind wir Menschen grundsätzlich perfekt? Wahrscheinlich sind wir das nicht, aber wir sind eine hochkomplexe und einmalige Anordnung einer unglaublichen Anzahl von Atomen und Molekülen, die so niemals mehr existieren wird. Dabei habe ich schon Menschen gesehen, die sich in meinen Augen immer wieder durch neue Erlebnisse plötzlich ganz anders zeigten und ich sie ganz neu wahrnehmen und bewerten konnte. Der gute Mensch könnte böser, der böse liebevoller werden. Es kam zu weitreichenden Änderungen meiner

Wahrnehmungen und das Imperfekte hat dabei den Reiz und fühlt sich viel besser und authentischer an.

Zum besseren Verständnis hilft auch das „Pinguin Prinzip" (vgl. John Kotter). Wenn wir einen Pinguin nach dem bewerten, was wir auf den ersten Blick an Land beobachten, werden wir nie seine wunderbaren Fähigkeiten für möglich halten. Erst im Wasser merken wir, wie geschickt er sich hier zurechtfindet. Was wäre nun, wenn wir immer wieder versuchten, in der falschen Umgebung zu agieren oder Dinge zu tun, die nicht zu uns gehören? Was wäre, wenn der Pinguin nie versucht hätte, zu schwimmen? Ihm selbst wären seine Stärken niemals bewusst geworden. Vielleicht hätte man ihm gesagt, dass Wasser gefährlich sei oder dass er nicht richtig schwimmen kann. Was wäre passiert, wenn er es geglaubt hätte? Ein Rekordsprinter an Land wäre niemals aus ihm geworden. Und was wäre, wenn wir selbst herausfinden würden, was unser Element ist und wie wir uns am besten bewegen und in welcher Umgebung? Nehmen wir doch die Gelegenheit wahr, uns kennenzulernen und uns auf den Weg zu unserem „Wasser" zu machen, zu der zu uns passenden Umgebung. Wir können das Schwimmen ja erst einmal mit Rettungsring ausprobieren. So können wir das Empfinden lernen, wie wir uns fühlen und herausfinden, ob es gut und angemessen für uns ist.

Ich habe erfahren, dass ich niemals Glück erlebt habe, wenn ich perfekt sein wollte. Die wirklich schönen Erlebnisse, Erfahrungen und Rückschlüsse wurden mir möglich, sobald ich mich auf ein Wagnis eingelassen und einfach agiert habe, statt auf Sicherheit und Perfektionismus zu setzen. Das, was wir als scheinbaren Perfektionismus tarnen, ist ein Schutzschild, den wir benutzen, damit wir nicht verletzt werden können. Er wiegt allerdings so viel, dass er uns festhält und dem Leben die Leichtigkeit nimmt, und er ist so groß, dass er uns den Blick auf die Realität versperrt. Dahinter fühlen wir uns jedoch scheinbar sicher. Wir erlernen ihn dadurch, dass wir immer wieder benotet und bewertet werden. Dabei sind Zensuren auch eine Prüfung des Lehrers, und nicht nur eine des Schülers. Wenn die Lehrerin den Stoff nicht vermitteln kann, wie soll der Schüler es begreifen und Leistung zeigen können? Warum bewerten die Schüler nicht auch die Lehrer? Perfektionismus macht weder glücklich noch leistungsfähig. Er korreliert mit Depression, Angst, Sucht und verpassten Chancen. Die Versagensangst hält uns davon ab, wir selbst zu sein und uns auszuprobieren. Sich selbst zu fühlen,

Selbstmitgefühl zu haben und wagemutig zu sein, wird uns unmöglich gemacht.

Perfektion können wir niemals leisten, daher zeigt sie der Sucht ähnliche Züge. Sie ist eine Form der Selbstverletzung und erzeugt immer wieder ein neues Gefühl der Scham und Schuld in uns und führt sich damit selbst ad absurdum. Somit kann in uns kein Antrieb mehr sein, ein gesundes Selbst zu empfinden, weil wir uns öffnen müssten, was wir uns selbst zu verbieten gelernt haben.

Fassen wir den Mut, uns selbst zu erkennen, für uns selbst da zu sein und uns selbst so zu begegnen, wie wir es uns von unseren Mitmenschen wünschen würden. Wir haben das Recht auf Authentizität und müssen nicht jede Kritik als Bewertung einer wesentlichen Eigenschaft unserer Persönlichkeit anerkennen. Wir sind mehr als eine Note, eine Ausbildung und ein Talent, das wir vielleicht nicht gefördert haben. Mehr als etwas, das bisher nur von einer Person beurteilt wurde, die uns möglicherweise nicht einmal zugetan ist. Wir haben das Recht, uns zu spüren, und Selbsterkenntnis ist ein guter Weg zu Selbstmitgefühl. Dieses ist eine wichtige Voraussetzung zu einem friedvollen „Inneren Selbst" und zu besseren Beziehungen zu anderen Menschen. Wer mit sich fühlt, der wird anders auf Menschen zugehen und eine bessere Balance zwischen Aufmerksamkeit anderen Menschen gegenüber und der Selbstfürsorge finden können.

Übung 13 Lerne, dich zu fühlen

Ich bitte dich, dir die folgenden Fragen zu stellen:

- *Was denke und fühle ich, wenn ich an Selbstmitgefühl denke?*
- *Wie kümmere ich mich um mich und mein Verhältnis zu mir?*
- *Kann ich mich von anderen Menschen abgemessen abgrenzen?*
- *Was ist es, das ich wirklich brauche, um mich besser zu fühlen?*

Nun frage dich:

Was sind meine Kraftquellen / Ressourcen?

- *Meine Talente, Fähigkeiten und Neigungen.*
- *Alles, was mir Spaß und Vergnügen bereitet (hat).*
- *Alles, was mir bisher zu Erfolgen verholfen hat.*
- *Alles, was/wer mich bisher umsorgt, gepflegt und unterstützt hat.*
- *Alles, was mir Liebe und Glück geschenkt hat.*

- *Alles, was mir bisher in im Leben besonders gut gelungen ist.*
- *Alles, was mir Kraft und Energie schenkt.*
- *Alle wichtigen Personen in meinem Leben.*
- *Alles sonstige Gute.*

Nimm ein Blatt und einen Stift zur Hand, wenn Du das möchtest.

Der Baum der Ressourcen:

1. *Zeichne einen Baum oder mache dir ein Bild von den wichtigen Menschen in deinem Leben. Male es so, dass es für dich passt, egal ob es einem Baum ähnlich sieht oder eine ganz andere Form hat. Zeichne gerne auch deine Beziehung zu den Menschen ein und/oder die Beziehungen untereinander.*
2. *Nun bezeichne bei jedem dieser Menschen eine, zwei oder maximal drei gute Eigenschaften.*
3. *Skaliere diese Eigenschaften von 0 (nicht vorhanden) bis 10 (maximale Ausprägung)*
4. *Liste alle Eigenschaften auf, die du gefunden hast.*
5. *Skaliere, wie ausgeprägt diese Eigenschaften bei dir gegeben sind (0-10).*

Du hast nun einen Überblick über die Kraftquellen bei Dir und bei den Menschen, die in deinem Leben wichtig waren bzw. sind.

14. Habe ich überhaupt ein Problem?

"Probleme kann man niemals mit derselben
Denkweise lösen, durch die sie entstanden sind."
Albert Einstein

Früher hatte ich Probleme, die ich heute nicht mehr
haben kann. Meine Probleme entstanden nicht durch
Unwägbarkeiten, Herausforderungen oder
Schicksalsschläge, sondern durch meine Bewertung
und meine Problemkonstruktion. Wenn du Steuern
nachzahlen musst, dann war das vorher schon klar
und kommt nicht überraschend durch das böse
Finanzamt. Solltest du nicht darauf geachtet haben,
ausreichend Geld beiseitegelegt zu haben, so ist es
nicht die Schuld des Finanzamts. Wenn ich verlassen
oder betrogen wurde, machte ich mir oder meiner
Partnerin oder sogar uns beiden Vorwürfe. Ich habe
nicht die Zusammenhänge und das was sich daraus
ergibt verstanden, sondern fühlte mich verletzt,
missbraucht, betrogen und hintergangen. Es ging
nicht um das, was gerade geschieht und darum, es
wirklich zu erleben und wahrzunehmen. Es ging
darum, Schuldige für die Verletztheit zu suchen, statt
an der Verletztheit zu lernen und zu wachsen. So war

meine Wirklichkeit und vielleicht ist deine Wirklichkeit ähnlich. Seitdem ich den Dingen, die mir begegnen kein Problem mehr konstruiere, habe ich auch keins mehr. Ich sehe den Dingen „in die Augen" und nehme sie aufrichtig wahr, wie sie sind. Dadurch geschehen mir die gleichen Dinge wie früher, aber sie haben nichts Böses mehr, denn ich interpretiere sie nicht als boshafte Dinge, die mir aufgrund der bösen Umwelt wiederfahren.

Viele Menschen lassen sich Probleme einreden, die sie bisher nicht hatten. Das geht wunderbar durch das Internet und die „falschen" Freunde. Früher hätten wir solche Möglichkeiten nicht gehabt, zumindest nicht in diesem Ausmaß. Wir können uns heutzutage unglaublich schnell „zu Tode informieren". Ja, das ist leider keine Übertreibung. Wir lesen Diagnosen, weil wir uns Sorgen machen, und schauen, welche Anzeichen wir haben. Dann achten wir auf die fehlenden Symptome und erwarten sie bereits innerlich. So bekommen sie die Chance, sich nach und nach tatsächlich einzustellen. Dann ist die Diagnose fest etabliert, und der Arzt verleiht uns den Orden der Erkrankung, so dass wir uns nicht mehr dem Leben stellen müssen.

Wir haben durchaus die Möglichkeit, dem Leben anders zu begegnen und uns zu fragen, ob das wirklich so sein muss. Wenn es um mentale, geistige Störungen, Erkrankungen bzw. Phänomene geht, reden wir zumeist von Depression und Angst. Sind sie wirklich so klar definierbar und haben wir wirklich eine Ursache in uns, die uns solche Störungen entwickeln lässt? Kann es sein, dass unsere Gesellschaft gelernt hat, die Pharmaindustrie täte ein gutes Werk? Ich erlebe bei fast allen Vorträgen auf fachärztlicher Ebene zum Thema Angst und Depression, dass ein massives Sponsoring durch die pharmazeutische Industrie dankend und lobend erwähnt wird. Ich habe aber auch erlebt, dass ein bekannter Arzt und Klinikchef, der wenige Medikamente verordnet, sich schon vor dem Publikum bei den Sponsoren und der Klinikleitung entschuldigt hat. (Anm.: Ich danke dir dafür, lieber Luc. Das verdient meine Hochachtung.)

Wenn du die Möglichkeit in Betracht ziehst, dass du nicht krank bist und nicht wirklich ein Problem hast, wie geht es dir dann? Könnte es sein, dass es tatsächlich eine nachvollziehbare aktuelle Konfliktsituation ist und kein pathologisches Problem? Könnte es sein, dass du gerade zu Recht Angst hast oder deine Traurigkeit sich nicht unterdrücken lässt? Darfst du nicht weinen, weil dich etwas schmerzt oder weil dir gerade der Mut fehlt? Vielleicht bis du viel gesünder, als du glaubst, und vielleicht hast du es verdient, nicht krank gemacht zu werden? Gib dir doch einmal die Chance und unterstelle dir, dass du vielleicht gesund bist und einen aktuellen und nachvollziehbaren Konflikt erlebst. Meine Arbeit mit Menschen basiert zumeist und solange wie möglich auf dieser Annahme, und alleine das lässt schon viele von ihnen wieder in Balance kommen. Es muss und kann keine Allround-Lösung geben, aber es wäre oftmals möglich. Wenn es bei dir zutrifft, könntest du vielleicht schon viel schneller wieder in deiner Mitte ankommen. Versuche doch einmal, diese Überlegungen für dich zu prüfen. Das schließt natürlich weitere bzw. andere Schritte nicht aus.

Übung 14 Die Suche nach dem nicht vorhandenen Problem

Stelle dir gerne die folgenden Fragen:

- *Wie wäre es, wenn wir Depression und Angst nicht verschuldet hätten, sondern von ihnen überfallen werden? Siehst du klare Auslöser, wenn du danach forschst?*

- *Bin ich vielleicht niedergeschlagen oder habe ich ein Hormonproblem, welches durch meine Schilddrüse ausgelöst wird?*

- *Haben wir anstelle von früheren Konflikten, also einer Art genetischer oder hirnphysiologischer „Erbsünde", nicht einfach Auslöser, die uns aktuell und vielleicht nur kurzfristig niedergeschlagen oder ängstlich machen?*

- *Sind vielleicht falsche Rückschlüsse der Auslöser für unser Verhalten?*

- *Könnte Pessimismus, der antrainiert ist, vielleicht damit zu tun haben, dass wir derzeit in einer Sackgasse stecken?*

15. Loslassen lernen

„Frieden kannst du nur haben, wenn du ihn gibst."
Marie von Ebner-Eschenbach

Ankommen im Tao, dem Inneren Selbst, der „Inneren Göttlichkeit" oder wie du es nennen magst, ist ganz einfach zu erkennen. In diesem Moment hast du zu anderen Dingen und dir selbst keine Meinung mehr. Du bist einfach nur da, genau wie deine Mitmenschen. Dabei freust du dich des Lebens und machst dich frei von dem Wissen und den Auffassungen, die dich bisher begrenzt haben. Genauso rein und offen bist du, wie du es warst, bevor du dich als Kind in den Lernprozess von dir selbst wegbewegt hast. Nichts von dem, was du gelernt hast, hat den Anspruch darauf, vollständig oder richtig zu sein. Unser ganzes Leben ist relativ, und es gibt keine klar definierbare einzige Wahrheit von dem, was wir um uns herum erleben.

Vorher ist es anders. Unser vorheriges Denken begrenzt uns. Wenn etwas gut ist, definieren wir dadurch das Böse. Wenn etwas schön ist, grenzen wir es gegen Hässliches ab. Wenn wir dagegen etwas belassen, wie es ist, dann können wir in allen Dingen eine ganz normale Schönheit erkennen und eine ganz natürliche Freude kultivieren.

Wir versuchen, Erfahrungen zu sammeln und Schubladen zu füllen, die uns Bewertungen ermöglichen. Dadurch werden wir jedoch immer unfreier. Unser Leben wird scheinbar einfacher, wenn wir alle Ereignisse und Gefühle nicht mehr aktiv wahrnehmen, sondern mit vorhandenen Erfahrungen und Erlebnissen vergleichen und entsprechend bewerten können. Du kannst jedoch nicht wachsen, wenn du dich nicht fragen darfst, ob du nicht Dinge, Wahrnehmungen oder Ereignisse anders ansehen und auf andere Art mit ihnen umgehen kannst. Auf keinen Fall bist du auf den Käfig aus Glaubenssätzen angewiesen, der dich umgibt. Du hast gelernt, wie das Leben und viele seiner Aspekte zu werten sind, ohne dass es wirklich durch Wissen übernommen wurde. Dabei hast du in vielen Bereichen deines Lebens einfach das, was du gelernt hast und die Inkongruenz daraus übernommen.

Man lebt dir nicht das vor, was man dir predigt. Eltern, Lehrer, Polizisten - die meisten Menschen - sind nicht authentisch und ehrlich. Ich habe beispielsweise schon Polizisten im Halteverbot stehen sehen, die sich darüber beschwerten, dass man sie darauf aufmerksam macht, sie hätten nicht immer und überall Sonderrechte. Auch ich bin nicht perfekt und habe Dinge getan, die gegen meine Werte verstoßen. Ich bemühe mich jedoch um Ausgleich und frage mich, ob ich mich gemäß meiner Werte und Überzeugungen verhalten habe. Dann möchte ich das korrigieren. Das macht mich freier und authentischer. Somit komme ich in Einklang mit meinen inneren Werten und Überzeugungen und lasse mich nicht von außen lenken und bestimmen.

Das sind keine leeren Sprüche, es ist wirklich so, dass ich mich nicht an Gesetze gehalten habe, Menschen ausgenutzt habe, betrügerisch an meinen eigenen Vorteil dachte und wirklich viele Dinge getan habe, die ich heute sehr bedaure. Ich habe mich an Menschen unangemessen bereichert, weil ich dadurch mein Leid zu lindern versuchte. Dabei litt ich jedoch noch mehr und andere Menschen durch mich und mit mir. Heute habe ich verstanden, dass ich diese Phase brauchte und andere Menschen sich ähnlich mir gegenüber verhalten haben. Daher bin ich heute weder mir noch den anderen Menschen böse, denn wir wussten es damals nicht besser. Ich kann das in Liebe annehmen und möchte alle Menschen dazu einladen, dies ebenso zu erleben.

Du kannst dich von deiner Voreingenommenheit entfernen und in dich hineinspüren, was du als angemessen empfindest. Es geht nicht um Sicherheit, nicht um Werte, die uns eine Gesellschaft vorgibt, sondern darum, zu uns selbst zu finden. Daher ist es wichtig, nichts als gegeben oder eindeutig anzunehmen. Wer sagt denn, dass Menschen einer Rasse, Hautfarbe, Religion oder Augenfarbe, eines Sternzeichens oder einer Berufsgruppe schlecht sind? Das sagen uns nur unsere kritiklos übernommenen Überzeugungen. Genauso sagen sie uns, wer wir sind, was wir können und nicht können. Wenn du wachsen möchtest an dir, befreie dich davon, dich begrenzen zu lassen. Du kannst nicht frei sein, während du dir weiterhin vorschreiben lässt, wer du bist und was dich ausmacht.

Es ist wie ein Gefühl der Schwerelosigkeit und des ewigen Glücks, wenn du das Tao oder das Innere Selbst hast. Es ist nicht die Frage, ob und wie du es für immer festhalten kannst. Frage dich einfach, wie du es gerade jetzt wahrnehmen kannst. Wenn du merkst, dass dein Ego in dir etwas anderes verlangt, dann begegne ihm respektvoll und löse es damit wohlwollend auf. So wirst du merken, dass die Phasen der Selbsterkenntnis, Selbstliebe und des Tao immer größer werden und nachher zu fließen beginnen. Du wirst unmerklich vom Tao angezogen und merkst kaum, dass du bereits in dir ruhst. Es wird dir nicht mehr wichtig sein, ob du angekommen bist, weil dir die Reise gefällt.

Du brauchst keine Sorgen mehr um deine Existenz zu haben, denn jede Art von Arbeit macht dir Freude und jeder Kontakt bereichert dich. Du verlierst den Ehrgeiz nach und nach und verlierst die Motive des Ehrgeizes. Es ist nicht wichtig, etwas schnell oder besonders perfekt zu machen. Wichtig ist nur, den Augenblick zu leben. Selbst am Fließband wird ein Mensch, der sich im Tao befindet, Höchstleistungen erbringen. Das wird nicht geschehen, weil es ihm wichtig wäre, sondern weil es ihm Freude bereitet. Reichtum, Macht und Besitz sind nicht wichtig für uns, und das spüren wir, wenn wir uns dem Tao nähern. In unserem Selbst angekommen zu sein, bedeutet Freiheit und Unabhängigkeit, weit über Materielles hinaus. Wenn du das Hier und Jetzt gefunden hast, wirst du nicht mehr kämpfen, da es nicht lohnen würde. Je mehr du das Kämpfen aufgeben kannst, umso mehr werden sich deine Wünsche nach und nach erfüllen. Dabei werden deine Wünsche gleichzeitig jedoch abnehmen, denn du kümmerst dich um wirkliche Werte und Ideale und nicht darum, welches Auto du gerade fährst. Der Stand deines Kontos wird unwichtig, wenn du auf dein Inneres Selbst vertraust. Du wirst merken, dass du über deinen normalen Alltagsbedarf hinaus immer weniger Wünsche hast, weil du die wirklich wichtigen Dinge des Lebens kennen- und lieben lernst. Der Sinn des Lebens ist nicht Ruhm, Macht, Geld und Anerkennung, sondern sich unabhängig zu machen vom Streben nach Äußerlichkeiten.

Übung 15 Was würde mich freier machen, wenn ich es loslasse?

Die folgenden Fragen können dir helfen, loslassen zu lernen:

- *Was sind es für Dinge, die ich im Außen brauche, um Bestätigung zu erfahren und woher kommen diese Dinge?*
- *Was möchte ich festhalten, obwohl ich es ablehne?*
- *Was sind Werte, die nicht meine sind, die ich aber einhalte?*
- *Wo kann ich meinem Leben mehr Freiheit geben?*
- *Wann werde ich besonders unruhig und was stört meine innere Ruhe?*
- *Wer bin ich und was sind die Werte meines Lebens?*

16. Stärke deine Seele

"Das Denken ist das Selbstgespräch der Seele."
Plato

Dir fehlt vielleicht die Kraft, wichtige Änderungen in deinem Leben umzusetzen. Es fehlt dir aber auch die Kraft, die Dinge aushalten zu können. Ich habe dieses Dilemma lange Zeit erlebt und es wurde mir nicht einmal bewusst. Durch meine Arbeit habe ich festgestellt, dass es vielen Menschen so geht. Meine Seele zu stärken war ein sehr wichtiger Schritt für mich, denn ohne Kraft ist Bewegung nicht möglich. Heute habe ich viel von dieser Kraft und brauche kaum Training, um sie zu erhalten.

Sich selbst zu stärken und seine Ressourcen zu kennen und diese auch nutzen zu können, dazu gibt es Begriffe wie Resilienz, Salutogenese und Flow. Auf „Resilienz" gehen wir gleich umfassend ein. Salutogenese beschreibt die Gesundheitsentstehung in Abgrenzung zur Pathogenese, welche die Entstehung und Entwicklung von Erkrankungen beschreibt. Der Flow beschreibt für uns den Fluss des Aufgehens in dem neuen Erleben, das wir kennen- und utilisieren (nutzbar machen) lernen. Ein

Mensch, der über diese Eigenschaften verfügt, verhält sich wie ein Grashalm im Wind. Durch seine besondere Konstruktion ist er unglaublich widerstandsfähig, auch wenn er eigentlich ein zartes Gebilde ist. Er bewegt sich einfach im Wind und passt sich an das Wetter an. Selbst ein großer Sturm schadet ihm nicht und sollte er Verletzungen davontragen, so kann er sich schnell erholen. Rasen ist auf diese Weise grundsätzlich sehr widerstandsfähig und wächst schnell. Manche Menschen haben diese Eigenschaft und andere nicht. Egal, ob wir die Widerstandskraft besitzen: es ist wichtig, sie zu fördern. Auch Menschen, die über ein hohes Maß an Resilienz verfügen, sollten sie trainieren und ihr immer neue Kraft zufügen, damit sie erhalten bleibt und vielleicht sogar noch wachsen kann. Wenn ich mehr Belastung aufbringen muss, als ich Schutzfaktoren zur Verfügung habe, reichen meine Kräfte nicht aus, um mich entsprechend gesund zu verhalten.

Heutzutage ist es soweit, dass man sich in der Psychologie und Psychotherapie nicht mehr länger nur damit befasst, die Entstehung von Krankheiten und deren Diagnostik zu erforschen. Wir stellen uns die Frage, wie einige Menschen Belastungen überstehen und auf welche Weise andere Menschen dies von ihnen lernen können. Das ist ein guter

Schritt: ein Weg vom Problem zur grundsätzlichen Lösung. Der Lösung den größten Teil der Aufmerksamkeit zu widmen, sollte sinnvoll sein. Es geht zudem nicht vorranging darum, wie man ein Symptom behandelt, sondern wie man grundsätzlich fördert, dass Menschen gesund sind und bleiben. Dies sollte Vorrang haben vor der der Pille für alle Lebenslagen, die Vermittlung von Glück und Ausgeglichenheit als Ersatzpolster für das trügerische Streben nach unmöglicher Sicherheit. Wir brauchen ganz sicher Verständnis für das, was wir empfinden und wir brauchen Mitgefühl von uns und anderen Menschen, aber wir brauchen unbedingt auch ein Mehr an Stabilität in unserem Organismus.

Wichtig ist es hier, sich um die eigene Identität und die Zugehörigkeit zu kümmern. Wenn wir den logischen Ebenen folgen, wie sie beispielsweise im NLP (Neurolinguistisches Programmieren) gelten, werden wir erkennen, dass dies ganz wichtige Faktoren unseres Lebens- und Selbstverständnisses sind. Sie legen unser Selbstbild maßgeblich fest und sorgen dafür, dass wir wissen, wer wir sind und wohin wir gehören. Aktive Bewältigungsbemühungen, kognitive Kompetenzen, Selbstwirksamkeitserfahrungen, Flexibilität, ein positives Selbstwertgefühl und stabile emotionale Beziehungen sind entscheidende Faktoren in Sachen

Resilienz (Lösel und MA „Bielefelder Studie"). Weiterhin ist es wichtig, positive Dinge in sein Blickfeld zu bekommen und Krisen akzeptieren zu lernen, statt gegen sie anzukämpfen. Aufmerksamkeit statt Ablehnung ist hier wichtig und kann nach und nach erlernt werden.

Es geht darum, dass wir lernen, wie wir die bestehenden (alten) Belastungen annehmen und überwinden, im Alltag durchzuhalten und uns mit Zuversicht nach vorne entwickeln zu können und an uns selbst zu wachsen. Erkenne an, was du bisher schon versucht hast, um weiter zu kommen und schaue nach, was dir davon hilfreich war. Was gut war, kannst du ausbauen. Was nicht geholfen hat, könnte anders hinterfragt oder weggelassen werden.

Übung 16.1 Resilienz fördern

Stelle dir die nachfolgenden Fragen und gehe dabei in deinem eigenen Tempo vor:

- *Was habe ich schon versucht, um meine Probleme zu lösen, und was davon war erfolgreich?*
- *Was könnte ich sonst ausprobieren und was könnte ich vielleicht auf andere Art ausprobieren?*
- *Was macht mich aus und wer bin ich?*

- *Was sind meine wirklichen zentralen Stärken?*
- *Zu wem habe ich gute Beziehungen, die mir gut tun?*
- *Welche Beziehungen kann ich wieder aufnehmen oder wo kann ich verzeihen?*
- *Wie ist der Kontakt zu meiner Familie und meinen Freunden und kann ich ihn verbessern?*
- *Hilft mir mein Glaube oder die Spiritualität, die Dinge besser anzunehmen, die mich belasten?*

Übung 16.2 Das Gute sehen

Dr. Luc Isebaert aus Brüssel hat mir folgende Methode empfohlen, die ich seither gerne weitergebe. Ich danke ihm sehr dafür und es hat mir selbst sehr geholfen:

Kurz und einfach gesagt, kann Stress bei uns eine Überproduktion von Kortisol durch die Nebennieren fördern. Das schädigt die Verbindung zwischen Hippocampus und Präfortaler Cortex. Hierdurch wird das Erleben im Hier und Jetzt massiv gestört. Zuerst schwächen sich die Empfindungen der rechten Hemisphäre des Gehirns ab, dann die der linken. Somit gehen zuerst die schönen und angenehmen Gedanken zunehmend verloren, dann die schlechten und schwarzen Gedanken. Danach kommt die Leere des Nichts.

Hierbei hilft eine einfache Übung, die man idealerweise 10 x täglich ausführt und auf die jeweils letzten 60 Minuten bezieht und somit positives Erleben aus dem Kurzzeitgedächtnis beziehen kann. Dabei gebe ich gerne zu bedenken, dass man sich nicht an 10 x halten muss, sondern sein eigenes Tempo ausprobiert. Der Wert ist unter klinischen Bedingungen als gut festgestellt worden, aber jedes einzelne Mal ist hilfreicher, als es nicht zu tun (vgl. „Perfektionismus").

Ich stelle mir drei Fragen. Sollte eine der Fragen zu einem Ergebnis führen, kann ich das Ergebnis kurz wahrnehmen und die Übung beenden. Sonst stelle ich mir die nächste Frage. Es sollten nicht Nobelpreise und Höchstleistungen, sondern ganz einfache Dinge berücksichtigt werden bei den Fragestellungen. Es kommt nicht darauf an, wie hochwertig das Erlebnis ist, es muss nur als positiv empfunden werden können. Und hier reicht „ganz nett" aus und ist besser als nichts.

Es sind drei Fragen, die wir uns so hintereinander stellen können:

1. Was habe ich in den letzten 60 Minuten getan, womit ich glücklich oder zufrieden sein kann oder sonst wie gut umgehen/ es gut annehmen kann?
2. Was haben andere Menschen getan, was positiv, schön oder angenehm für mich war? Alternativ: Was haben andere Menschen getan, was für mich vielleicht nicht gut war, worauf ich aber gut reagiert habe?
3. Was ist hier in meiner Nähe, meiner Umgebung oder wenn ich nach draußen schaue oder gehe angenehm,

schön oder positiv? Was kann ich wahrnehmen, das ich mag?

Es geht hierbei um einfache Wahrnehmungen und ganz kleine, positive Erlebnisse, die laut Dr. Isebaert nach und nach die Verbindungen des Gehirns innerhalb von wenigen Wochen wieder herstellen können, und zwar ganz ohne Medikamente. Ich habe bei mir und anderen Menschen erlebt, dass es wirklich Wirkung zeigt und die Resilienz nachhaltig fördert. Es ermöglicht, wieder eine Perspektive zu haben, auch wenn eine Situation vor kurzem noch ausweglos erschien.

Übung 16.3 Seelische Missempfindungen ausgleichen

Setze dich bequem hin und mache vorher noch eine Entspannungsübung. Das könnte sein: die Atemgleichgewicht-Übung aus dem Yoga, Autogenes Training, Progressive Muskelentspannung, Selbsthypnose oder eine Meditation. Oder starte gleich, nachdem du einige Minuten nur deinen Atem wahrgenommen hast.

Spüre nun bitte in deine Hände hinein, nacheinander. Frage dich dabei, was du empfinden kannst. Es muss nichts Bestimmtes sein. Alles ist richtig, so wie du es empfindest. Achte bitte darauf, ob du zum Beispiel Wärme, Kälte, Anspannung, Schmerz oder einen Pulsschlag fühlst. Wo spürst du diese Empfindungen: ist es in einem oder mehreren

Fingern oder an einer bestimmten Stelle deiner Hand, wie unter der Haut? Nimm einfach nur wahr und lass' gerne alle Gedanken und Empfindungen zu. Widme dich nach kurzer Aufmerksamkeit wieder deiner Beobachtung der Hand/Hände.

Zuerst beginnst du bitte bei der linken Hand. Nimm Sie einfach ca. 2-3 Minuten wahr.

Dann achte bitte auf die rechte Hand, auch hier ca. 2-3 Minuten.

Nun bitte nimm wieder zuerst die linke und dann die rechte Hand wahr, aber nur circa eine Minute.

Nun spüre bitte in beide Hände hinein, bis du den Eindruck hast, dass das Gefühl sich in beiden Händen anzugleichen beginnt.

Nimm nun bitte deine seelische Missempfindung, Angst, Unsicherheit oder das unerwünschte Gefühl wahr. Spüre, was genau an diesen Empfindungen dich verletzt. Was genau schmerzt dich, und was kannst du wahrnehmen? Versuche, dich so gut darauf einzulassen, wie und soweit du kannst und gehen möchtest.

Lass es zu, dass dieses Gefühl sich in dir aufbauen kann, so gut du es eben noch aushalten kannst. Es ist wichtig, das Gefühl zu erleben und wahrzunehmen, statt wegzulaufen oder es zu verfluchen.

Jetzt wird das Gefühl in deiner Empfindung aus deinem Körper gezogen. Lass dazu nun bitte dieses Gefühl in deiner Vorstellung nur in deine linke Hand fließen. Erlaube dir, in deiner Vorstellung alles, was mit diesem Gefühl zu tun hat, einfach in deine linke Hand laufen zu lassen.

Jetzt stellst du einen Ausgleich her. Teste dazu doch einmal die drei wichtigsten Sinneskanäle und schaue, welcher Kanal dir im vorliegenden Fall weiterhilft, damit du ihn als Gegenpol zum Auspendeln nutzen kannst.

- *Nutze ein positives Bild oder einen schönen Film, damit du etwas Positives sehen kannst.*
- *Nutze eine positive Affirmation, die dir hilft auszupendeln.*
- *Spüre in ein schönes Gefühl hinein, das dir hilft, das negative Empfinden auszugleichen.*

Nutze bitte den Sinneskanal, der dir am besten hilft, um in ein genau gegenteiliges Empfinden auszupendeln und nimm eine der Möglichkeiten wahr. Das kann ein schönes Bild oder ein Film sein, in dem du offen und selbstlos warst/bist. Es ist auch möglich, dass du eine Affirmation nutzt wie: „Ich bin mutig und ich bin aufrichtig." Du kannst auch ein positives Gefühl wahrnehmen, das mit Verbundenheit, Liebe, Aufmerksamkeit und/oder Aufrichtigkeit zu tun hat.

Nun spüre wieder in beide Hände hinein und achte darauf, wann das Gefühl sich wieder angleicht.

Dann komm wieder mit deinem Bewusstsein nach außen und öffne die Augen.

Diese Übung kannst du gerne mehrere Male am Tag wiederholen. Du wirst merken, dass dein Ego immer weniger Interesse haben wird, sich aufzubauen. Und Du wirst immer entspannter reagieren können, weil du erlebte Situationen damit bearbeiten kannst.

Übe es gerne zuerst einmal mit Situationen aus deiner Erinnerung, und dann gehe in die alltägliche Praxis und erlebe, wie du in Alltagssituationen damit umgehen lernst, dein Ego auszupendeln.

17. Sei dankbar und lerne Freude

Vier Kerzen brannten am Adventskranz, so still, dass man hörte,
wie die Kerzen zu reden begannen.
Die erste Kerze seufzte und sagte: „Ich heiße Frieden.
Mein Licht leuchtet, aber die Menschen halten keinen Frieden!"
Ihr Licht wurde immer kleiner und verlosch schließlich ganz.

Die zweite Kerze flackerte und sagte: „Ich heiße Glauben,
aber ich bin überflüssig. Die Menschen wollen von GOTT nichts wissen.
Es hat keinen Sinn mehr, dass ich brenne."
Ein Luftzug wehte durch den Raum, und die zweite Kerze war aus.

Leise und traurig meldete sich nun die dritte Kerze zu Wort:
„Ich heiße Liebe.
Ich habe keine Kraft mehr zu brennen. Die Menschen stellen mich an die Seite,
sie sehen nur sich selbst und nicht die anderen, die sie lieb haben sollen."
Und mit einem letzten Aufflackern war auch dieses Licht ausgelöscht.

Da kam ein Kind in das Zimmer. Es schaute die Kerzen an und sagte:

*„Aber – aber, ihr sollt doch brennen und nicht ausgelöscht
sein!"*
Und fast fing es an zu weinen.

*Da meldete sich auch die vierte Kerze zu Wort.
Sie sagte: „Hab keine Angst! So lange ich brenne,
können wir auch die anderen Kerzen wieder anzünden.
Ich heiße Hoffnung!"*

*Mit einem Streichholz nahm das Kind Licht von dieser Kerze
und zündete die anderen Lichter wieder an!
Und seine Augen begannen zu leuchten.*

(Verfasser unbekannt)

Wenn du deine Resilienz (Widerstandskraft) erhöhen
möchtest, sind Dankbarkeit und Freude gute
Wegbegleiter. Wenn du dankbar sein und dich an
Dingen erfreuen kannst, bist du gewappnet gegen
viele Angriffe auf deine innere Stabilität, die du
vielleicht gerade weiter aufbaust. Die Übung 16.2
kann dir hierbei wunderbar weiterhelfen. Vielleicht
machst du sie noch ein wenig länger, wenn du dich
noch nicht so gut fühlst. Du bestimmst das Tempo,
indem du vorangehst und sonst niemand. Lass dir
gerne Zeit oder mache dich schneller auf den Weg,
ganz wie du magst. Du kannst zusätzlich ja auch
jeden Schritt wiederholen.

Dankbarkeit ist ein Gegenmittel gegen einen unnötigen Selbstschutz den wir aktivieren, damit wir uns nicht zu erkennen geben müssen. Bei Studien wurde festgestellt, dass die Menschen, die für Glück und Freude offen geblieben sind, dankbar für Dinge in ihrem Leben sein können. Es geht also nicht immer nur darum, was du noch nicht geschafft hast, sondern auch - vielleicht noch viel mehr - um die Dinge, die du schon geschafft hast. Glück ist scheinbar an Ereignisse geknüpft und Freude eher an Dankbarkeit, die man grundsätzlich empfindet. So macht es sicherlich Sinn, beiden Empfindungen die Türe bereitwillig zu öffnen, denn als Team sind sie stark und nützlich.

Das Gefühl von Angst und Mangel lassen uns der Freude nicht trauen, da wir ja enttäuscht werden können. Dabei finde ich das Wort „Ent-Täuschung" besonders gut im Deutschen. Die vorangegangene Täuschung endet hier, was ich für eine gute Sache halte. Das Gefühl, genug zu haben, löst Dankbarkeit aus.

Freude ist etwas, das dein Alltag bereithält, während du gerade etwas ganz anderes vorhast in deinem Leben. Manchmal wird es uns erst bewusst, wenn wir es nicht mehr erleben können, so wie beispielsweise die morgendlichen Telefonate mit meiner Oma, die ich seit fast zwei Jahrzehnten vermisse. Heute wäre ich dankbar, ihre Stimme zu hören. Aber selbst Dinge, die uns einmal genervt haben, würden uns heute erfreuen, wenn sie mit einem Menschen zu tun haben, der nicht mehr in unserem Leben ist und den wir vermissen. Wenn wir solchen kleinen Momenten der Freude heute schon die Türe öffnen, dann erleben wir diese Freude viel intensiver in unserem Alltag.

Dankbarkeit ist manchmal schwierig, aber wir können dankbar sein. Wir ignorieren damit nicht das, was uns fehlt oder würdigen es nicht. Auch die Dinge achten und beachten wir, die uns fehlen und das, was wir vermissen. Es ist jedoch so, dass wir uns bewusst machen, was gerade da ist oder was wir schon erreicht haben. Meine Tochter und ich pflegen leider keinen intensiven Kontakt. Vor ein paar Wochen haben wir uns nach langer Zeit wiedergesehen, und ich bin ihr dankbar, dass sie meiner Idee eines Treffens zugestimmt hat, anstatt traurig darüber zu sein, dass sie nicht jeden Tag hier ist. Dabei vermisse ich sie wirklich schon lange von Herzen, aber ich konnte es ihr offensichtlich nicht so sagen, dass es in ihrem Herzen auch so ankommt, wie ich es empfinde. Ich bin von Herzen dankbar, dass wir den Kontakt gefunden haben und ich kann es spüren, dass es mir gut tut. Ich wünsche mir, dass ich sie in den Arm nehmen darf und sie es genauso angenehm empfindet wie ich.

Freude hilft uns, die Hoffnung zu behalten und hält uns widerstandsfähig. Sie hilft uns, dass wir uns an den kleinen Dingen erfreuen können, und durch die Bewusstmachung dieser Freude können wir so viele Dinge genießen, die wir sonst nicht zu empfinden in der Lage wären. Um beim Beispiel meiner Tochter zu bleiben: Es freut mich, dass ich sie gekitzelt habe und ihre Füße ebenso empfindlich und kitzelig sind wie meine. Dieses Bild schafft Freude und Dankbarkeit, obwohl es für den Außenstehenden vielleicht unbedeutend ist. Es kommt darauf an, dass wir es in uns finden und nicht anderer Leute Maßstäbe bedienen.

Und glaube mir: ein in Elefantenmist gebadetes Portemonnaie kann mehr wert sein und mehr Freude in der Seele auslösen als der Schatz der Nibelungen. Das Kitzeln der Füße meiner Tochter war für mich die schönste menschliche Berührung, die ich bisher spüren durfte.

Übung 17 Dankbarkeit entwickeln

Frage dich doch einmal, wofür du dankbar sein kannst. Schreibe dir die Dinge dazu auf, wo du noch ein Ziel erreichen möchtest oder wo dich etwas belastet. Nun schaue doch einmal, ob es nicht schon Dinge auf dem Weg zu diesem Ziel gibt, für die du dankbar sein kannst. So wirst du lernen, deinen Blickwinkel von der Zielerfüllung und der Sorge, etwas nicht zu schaffen, auf die Dankbarkeit zu legen. Das wird dich sicher nach und nach erfreuen können. Du erreichst vielleicht auch schon bald deine Ziele schneller, weil du sie nicht mehr so verkrampft angehst. Notiere dir deine Gedanken dazu und schreibe über deine Fortschritte.

Solltest du über etwas traurig oder missmutig sein, schau, ob du es anders formulieren kannst, wie beispielsweise:

- *Es macht mich traurig, dass ..., aber ich bin dankbar für ...*
- *Es trifft mich, dass ..., aber ich freue mich auf/über ...*

18. Werde kreativ

"Die Kunst ist eine Vermittlerin des Unaussprechlichen."
Johann Wolfgang von Goethe

Wenn dich der Perfektionismus plagt, ist dieses Kapitel sicherlich dein Thema. Perfektionismus und Kreativität schließen sich gegenseitig so gut wie aus. Du kannst nicht den Anspruch haben, kreativ zu sein und gleichzeitig noch perfekt. Sicherlich hatte ihn auch keiner der großen und bekannten Künstler, die kreativ und nicht für die breite Masse gearbeitet haben. Es geht um wirkliche Kreativität und Kunst, die Großes vollbringen will. Damit meine ich nicht „groß" im wertenden Sinne, sondern im Hinblick auf die Intention. Kunst soll nicht berühmt machen oder gewinnbringend sein. Es geht darum, dass das zugrunde liegende Motiv ein besonderes ist, weswegen man sich besonders berufen fühlt, aktiv zu werden und etwas zu erschaffen. Dabei kann es nicht um einen vermeintlichen Perfektionismus gehen, sondern um einen Drang, etwas zu schaffen, was dir persönlich etwas bedeutet.

Es braucht Sensibilität, Offenheit und Verletzlichkeit, um kreativ zu sein - und keinen Perfektionsanspruch. Dieser würde die freie Entfaltung des Geistes nachhaltig stören und die Kreativität behindern. Oftmals ist es so, dass uns dann, wenn wir uns öffnen, ganz besonders schöne und gewinnbringende Dinge gelingen, weil wir nicht fokussiert sind und nichts erzwingen wollen. Zwang ist nicht gleich Fokussierung, sondern ein übersteigertes Ausrichten auf ein Ziel, das eben zwanghaft ist. Perfektionismus steht also eher der Begabung, dem Talent und dem Genie im Weg, statt es fördern zu können.

Es geht bei der Kunst und der Kreativität darum, dass wir die Unregelmäßigkeit und das, was von sich aus entsteht, wahrnehmen und wertschätzen können. Das passt nicht zu Perfektion oder Geradlinigkeit. Es ist weder wichtig noch wünschenswert, dass wir kreativ sind und dabei alles geradlinig und fehlerfrei ist. Kunst hat nicht den Anspruch, nur aus vorgegebenen Strukturen zu entstehen, sie hindern eher oft und wirken störend. Viel schöner, als etwas anzuordnen kann es sein, etwas selbst Form annehmen zu lassen, indem man die Gegenstände ihren eigenen Weg suchen lässt. Warum nicht einmal etwas auf eine Leinwand werfen, statt es nach fester Struktur anzuordnen? Das wäre ein kreativer

Vorgang und nicht die Erduldung einer festen Struktur.

Es geht also darum, dass die Imperfektion vielleicht schöner ist als die Perfektion. Das, was uns als Makel erscheint und ungleichmäßig ist, kann einen besonderen Reiz haben oder erhalten. Oftmals ist das Perfekte der Feind des Guten, indem es verhindert, dass etwas fertig wird. Wir denken, dass wir unsere Arbeit immer wieder korrigieren müssen und beachten nicht, dass wir auf unsere Art die Dinge bereits treffend zum Ausdruck gebracht haben. Sehen wir doch das, was wir tun als Kunst an und haben wir nicht den Anspruch, perfekt zu sein. So könnte es sein, dass viel mehr Dinge fertig werden und uns genügen. Irgendwann genügen sie dann sogar den eigenen Ansprüchen.

Übung 18 Kreativität fördern

In welchen Bereichen kann ich kreativer sein? Bin vielleicht bisher zu perfektionistisch? Kann es sein, dass ich Talente habe die ich nicht nutze oder fördere? Ein Blick in das Programm der örtlichen Volkshochschule oder anderer Bildungseinrichtungen und deren Nutzung kann hier wahre Wunder wirken. Manchmal hat man Talente, von denen man nicht wusste, die aber viel Freude machen können. Und wozu die gut ist, hatten wir schon erkannt.

19. Finde Balance durch Spiel und Entspannung

„Was hilft aller Sonnenaufgang, wenn wir nicht aufstehen."
Georg Christoph Lichtenberg

Oftmals lesen wir, dass wir uns entspannen müssten, dabei ist es oft eher wichtig, in Balance zu kommen. Ein schönes Beispiel von Dr. Gunther Schmidt möchte ich hierzu anführen, das er uns seinerzeit in Köln erzählte. Es rief jemand an, weil er an einer erektilen Dysfunktion litt (Impotenz - aber bei intimen Dingen kennen Männer Fremdworte). Er wolle nun bei ihm auf Empfehlung seiner Ehefrau das „Entspannen" lernen. Gunther Schmidt fragte ihn, ob er offen und direkt antworten dürfe, was bejaht wurde. Gunter Schmidt sagte, er sei seiner Meinung nach an manchen Stellen so „entspannt", dass er nun das Ergebnis davon sehen könne. Es könne vielleicht darum gehen, das Leben wieder in Balance zu bringen und nicht darum, dass es zu noch mehr Entspannung käme. Genau deswegen möchte ich dich auch hier zur Balance anregen, derjenigen zwischen Spiel und Entspannung. Das ist für mich eine Basis der Freude, die wir schon als wichtig erkannt haben.

Erschöpfung bis hin zum Burn-out-Syndrom gilt bei uns als Statussymbol und Leistung ist ein Ausdruck des Selbstwerts. Ist das nicht eine ganz schlimme Sache? Wir leben in einer Kultur der Aufopferung für andere. Wieso kommen wir dazu? Es ist so, dass wir uns darüber definieren, was wir für unsere Mitmenschen, unsere Firma, Ehe- und Lebenspartner, Kinder und das sonstige Umfeld leisten. Dabei stellt sich doch die Frage, warum wir uns nicht über das definieren, was unsere Werte sind? Warum können wir nicht ausgeglichen sein, unsere Arbeit, unser Leben genießen und mit Freude den Tag begehen? Das wurde uns so nie vermittelt. Geschichte und Physik waren wichtiger als gesunde Lebensführung, daher gab es das in der Schule nicht. Ich halte das für einen ganz fatalen Fehler.

Dürfen wir uns nicht auf uns besinnen und unser Leben genießen? Wir haben 35-40 Arbeitsstunden pro Woche. Da bleiben doch genügend Stunden übrig für die Dinge des Lebens, die sonst noch dazugehören, oder? Es ist die Frage, was wir daraus machen und was unsere Arbeit mit uns machen darf, wenn wir sie in dieser Weise einfach über uns ergehen lassen. Wir sind uns oftmals gar nicht im

Klaren darüber, was wir wollen und erreichen möchten. Der Sog, den wir zugelassen haben, zieht uns einfach mit und trägt uns immer weiter. Das Leben wird zunehmend sinnloser und bereitet uns immer weniger Freude. Es entsteht Stress und dieser schädigt unsere Gehirnverbindungen, wie schon an anderer Stelle besprochen. Das muss jedoch nicht so bleiben. Auf dem Weg zu uns selbst wird es zu erstaunlichen Begegnungen mit unserem Selbst kommen. Und dazu braucht es eben mehr als nur Entspannung, es braucht Freude, Spiel und Spaß.

Wenn wir uns auf den Weg zu uns machen, dann ist es wichtig, dass wir lernen zu lachen, zu tanzen, zu lieben und zu leben. Magst du dich auf den Weg zu dir machen und schauen, was du in dein Leben lassen kannst? Schau doch einmal, welche Dinge dir Freude bereiten und achte nicht nur auf die Entspannung, sondern auch darauf, was dich zu mehr Lebensfreude antreiben würde. Das ist nicht nur Entspannung, sondern auch das Gefühl, wieder mehr Leben empfinden zu können. Ist es nicht schön, zu singen, zu musizieren, zu tanzen und das Leben zu genießen? Versuche doch einmal, welche Dinge sich dir öffnen, wie du Entspannung und auch Aktivität finden kannst. Dabei geht es um die Aktivität, die nur darauf abzielt, dir Freude zu machen.

Du willst nicht wirklich in deinem Hamsterrad bleiben, oder? Du hast schon so weit in diesem Buch an dir gearbeitet, dass du es verdient hast, auch weiter an dir zu arbeiten. Ich habe es auch geschafft und ich habe immer mal eine Pause eingelegt, die ich brauchte. Mache Pausen der Freude, der neuen Erkenntnisse, der Leidenschaften und des Genusses. Probiere neue Dinge aus und genieße das Leben so wie es ist.

Übung 19 Balance finden

Was würde dir Spaß machen und könnte dir Balance geben? Dazu gebe ich dir gerne ein paar Anregungen, die dich zum Nachforschen einladen sollen, deine persönlichen Favoriten zu finden.

- *Hast du eine Neigung, dich zu wenig zu bewegen? Achte auf Angebote, die dir Bewegung ermöglichen und beginne mit einem Waldspaziergang oder einer Radtour, wenn dich das erfreut.*

- *Brauchst du etwas mehr Ruhe und Entspannung, dann schaue, welche Angebote du in deiner Gegend finden kannst.*

- *Nutze die Angebote der Volkshochschulen, der Universitäten und weiterer Bildungseinrichtungen, schaue ins Internet. Auch Krankenhäuser,*

Krankenkassen, Ärzte, Heilpraktiker, Fitnessstudios und viele andere Stellen haben einiges zu bieten. Probiere Dinge aus und schau, was dir Freude bereitet.

- Wer dir keine (vergünstigte oder kostenfreie) Kennenlern-Stunde bzw. kein Probetraining anbietet, ist nicht seriös.

20. Traumata überwinden

"Ich glaube, einer der Gründe, warum ich nicht geheiratet habe, waren die Hochzeiten, die ich als Kind erlebt habe."
Nayantara Sahgal

Welche Belastungen hast du erlebt? Gleich vorweg, die im Moment wichtigste Frage: Wie hast du deine Belastungen ausgehalten und bis jetzt überlebt? Diese Frage ist wirklich wichtig. Es ist eine besondere Erfahrung, dass dein Leiden und die Kraft des Ertragens gewürdigt und anerkannt wird. Dabei geht es nicht um die Abgrenzung zwischen Trauma und pathologischem Lebensereignis, aber auch die werden wir besprechen. Es geht darum, dass es eine unglaubliche Leistung ist, dass du es geschafft hast, die Anstrengungen zu vollbringen, es bis hierhin auszuhalten. Das möchte ich ausdrücklich anerkennen. Ich bitte dich, dir deine belastenden Ereignisse und Traumata kurz zu vergegenwärtigen und vor dir auch die Leistung anzuerkennen, die du bisher aufgebracht hast, um es zu überleben. Das ist wirklich toll und das schafft nicht jeder Mensch. Das ist Resilienz, über die wir schon gesprochen haben.

Du kannst es, und du kannst auch noch mehr, wenn du respektvoll weiter daran arbeitest. Dazu möchte ich dich gerne einladen und dir mehr dazu erklären.

Trauma oder pathologisches Ereignis - beides prägt uns. Aber Traumata sind nicht entscheidend für Depressionen, wie wir bereits besprochen hatten. Ein Trauma ist die konkrete Gefahr für Leib und Leben, ein pathologisches Lebensereignis ist beispielsweise Beschämung, Trennung, Herabsetzung oder Beleidigung. Es kommt dem Trauma sehr nahe und ist gerade bei Kindern sehr prägend für das weitere Leben. Wir erleben als Kind die Herabsetzung der eigenen Person oder wechselseitig bei den Eltern durch massive Beschimpfungen. Das verletzt uns vor allem deswegen, weil wir noch nicht verstehen, dass andere Menschen auch interagieren. Wir sehen uns insbesondere im Vorschulalter als Nabel der Welt, damit auch als Auslöser und Verursacher eines jeden Problems. Daher beziehen wir alles auf uns und leiden daran. Wir suchen nach Lösungen und übernehmen die Schuld. Daher sind viele Kinder von sogenannten „Täter-Introjekten" geprägt. Das sind Anteile in uns, die uns die Schuld ganz oder teilweise übernehmen lassen. *„Unser Vater war doch an sich so liebenswert, aber er hat nicht anders gekonnt. Die Mama war ja so abstoßend, dass der Papa mit ihr sicher keinen Sex haben konnte. Zudem hatte sie noch einen Freund. Daher war* *es klar, dass er sich zu mir hingezogen fühlte."* Das ist ein trauriges Beispiel dafür, wie Kinder sich die Welt erträglich reden, damit es nicht noch schlimmer wird und die Familie sich von ihnen abwendet. Das befürchten sie und das wäre schlimmer, als den sexuellen Übergriff auszuhalten. Als Kind kann man nicht weggehen und selbstbestimmt leben, daher fügt sich das Kind in sein Schicksal. Diese Introjekte brauchen Respekt bei der Umgestaltung, damit das Kartenhaus nicht explodiert, bevor es sich auflösen kann.

Bei Soldaten in mehreren Kriegen gab es sehr interessante Beobachtungen. Es gab Kriegseinsätze, bei denen als Folge mehr Soldaten durch Suizid umkamen, als durch den Einsatz selbst. Das ist nichts, womit ein Staat Werbung macht oder worauf er hinweist, daher wird so etwas in einer Gesellschaft verdrängt. Die Belastung ist so hoch, dass man sie nicht aushalten kann und sein Leben eher beendet, als sich zu öffnen. Des Weiteren zeigen wir uns nicht gerne verletzlich und zeigen nicht gerne unsere Seele offen anderen Menschen. Unsere Kultur scheint es zu verbieten, offen aufeinander zuzugehen.

Räumen wir auf mit unseren Traumata und mit den pathogenen Lebensereignissen, die uns belasten, und geben wir uns eine Chance, glücklich zu werden.

Dabei ist Vorsicht geboten und Respekt. Es würde hier zu weit führen, eine Traumatherapie vorzustellen, aber ich möchte sie empfehlen, damit sich diese Belastungen reduzieren.

Übung 20 Auf die Traumatherapie vorbereiten

Vielleicht fragst du dich einmal, welche Lebensereignisse dich noch belasten und was in deinem Leben vielleicht unklar oder verborgen scheint. Wenn du das Gefühl hast, dass noch etwas aufgearbeitet werden muss und es noch Dinge gibt, die dich heute noch körperlich belasten solltest du überlegen, daran zu arbeiten und sie aufzulösen.

Sehr interessant ist die Traumatherapie nach dem PITT (Psychodynamisch Imaginative Trauma Therapie) Modell von Frau Prof. Dr. med. Luise Reddemann. Es ist sehr respektvoll und sanft. Ich halte es für schonend, menschlich, durchdacht und integrativ. Es verdient meine Hochachtung, dass diese bemerkenswert gefühlvolle, kluge und belesene Frau dieses Konzept entwickelt hat, und dafür danke ich ihr von Herzen. Ich habe die gemeinsame Zeit mit den vielen tollen Kollegen sehr genossen.

Ich habe durch die Arbeit mit EMDR (auch eine Technik aus dem Bereich der Traumatherapie) und der Arbeit mit PITT gelernt, dass meine Höhenangst und die Angst vor dem Verlassen werden zusammenhingen und sie dadurch auflösen können. So habe ich das Trauma des Verlassenwerdens aufgelöst und gleichzeitig die Angst vor der Höhe und vor Brücken, womit es im nächsten Kapitel weiter geht.

21. Stelle dich deiner Angst

"Wenn einer keine Angst hat, hat er keine Phantasie."
Erich Kästner

Natürlich hast du Angst, das hast du gelernt. Und du darfst sie auch haben. Du wirst sie mit der Zeit sicherlich verlieren, wenn du einfach auf deinem Weg bleibst und achtsamer wirst. Das wirst du kaum verhindern können. Sie wird dich verlassen, wenn du dazu bereit bist. Das wird nahezu von alleine geschehen, Schritt für Schritt. Dabei rede ich nicht von der Furcht, wenn jemand mit einer geladenen Waffe vor dir steht. Ich rede von der Angst, die scheinbar grundlos ist. Die zunächst unlogisch erscheinende Angst oder Panik ist unser Thema, die dich scheinbar im Griff hat und die dich lähmt.

Hast du dich schon einmal gefragt, welchen Sinn deine Angst haben kann? Ich habe einmal gehört: „Die Angst ist der Drache, der den Schatz bewacht." Diesen Satz fand ich sehr beeindruckend. Es kann doch möglich sein, dass deine Angst dir nutzen und dir Leid ersparen möchte. Wenn wir uns auf den Weg machen, finden wir den Sinn in der Angst. Wir finden so ihren Nutzen und den möglichen Gewinn daraus. Ich möchte dich einladen, deiner Angst zu lauschen und ihr Fragen zu stellen. Achte doch einmal auf Parallelen zu deinem „sonstigen" Leben und gestatte es, dass du dich kennenlernen kannst. Angst kann dich bereichern, und Mut kannst du lernen. Du kannst also, um bei Erich Kästners Zitat zu bleiben, die Phantasie vielleicht anderweitig nutzen, die du ansonsten benötigst, um deine Angst zu erschaffen.

Viele Menschen haben die eine oder andere Angst. In der aktuellen Statistik sind dies:

- Öffentlich reden (41%)
- Höhe (32%)
- Geldmangel (22%)
- Tiefes Wasser (22%)
- Ungeziefer (22%)
- Krankheit, Tod (19%)
- Flugangst (18%)
- Einsamkeit (14%)
- Hunde (11%)
- Autofahren (9%)
- Fahrstühle (8%)
- Dunkelheit (8%)
- Rolltreppen (5%)

Quelle: The Book Of Lists (W. Morrow)

Es ist sehr oft nachvollziehbar, dass Menschen Ängste haben. Machen wir uns damit vertraut, wie das sein kann. Ängste entstehen oftmals durch prägende Situationen. Es gibt dabei einige Besonderheiten, wodurch sich Neurosen (Ängste) von der Depression unterscheiden, auch wenn die Behandlung ähnlich ist. Eine davon ist uns hier wichtig. Depressionen bestehen bereits kurz nach dem auslösenden Ereignis, bei einer Angst kann es Jahre dauern, bis sie entsteht. Daher ist die Depression meist direkt auf ein Ereignis zurückzuführen, die Angst nicht. Das macht es schwer, das auslösende Ereignis oder die Ereigniskette zu finden und somit die Ursache zu erkennen.

Es kann sehr wichtig sein, den Auslöser einer Angst zu finden und mit ihm zu arbeiten. Wenn dieser jedoch nicht zugänglich ist, wird es schwer. Hier helfen unter Umständen bestimmte Techniken, wie zum Beispiel die Hypnose, weiter. Es kann aber auch unwichtig sein, die Ursache zu finden, vielleicht sogar unmöglich. Wichtiger ist oftmals, den Mut zu trainieren, anstatt die Schwächen zu erforschen. Wenn wir uns darum kümmern wollen, dass die Angst aufgelöst wird, können wir Jahre mit der

Tiefenpsychologie analysieren, wir können aber auch an der Lösungsgestaltung arbeiten. Es ist leider nicht einfach, eine pauschale Antwort zu geben, aber beides kann einzeln gut und ausreichend sein, ebenso wie die Kombination.

Wichtig ist es, dass du den Mut aufbringst, dich deiner Angst zu stellen und mit ihr umzugehen. Dabei kannst du lernen, sie respektvoll wahrzunehmen, und vielleicht gelingt es dir, sie alleine abzuarbeiten, vielleicht aber brauchst du dabei Hilfe. Man muss nicht immer eine Unterstützung haben. Angst empfinden bedeutet nicht, dass du eine Angststörung hast und als krank diagnostiziert werden musst. Angst empfinden und die Diagnose der Angststörungen sind nicht dasselbe.

Angst entwickelt sich und verallgemeinert sich schließlich. Zuerst beginnt sie langsam aufzukeimen. Wir beginnen, Vermeidungsstrategien zu entwickeln und stellen uns dadurch nicht dieser noch kleinen Angst. Dadurch geben wir ihr einen guten Dünger und alles, was sie braucht, damit sie gut wachsen kann. Besser wäre es, sich gleich dieser Angst zu stellen, damit sie nicht weiter wachsen kann. Wenn wir sie vermeiden, dann nähren wir sie. Sie weitet sich dann immer mehr aus und bekommt immer mehr Freunde: weitere Ängste. Wir haben gelernt, was wir zu tun haben, und so werden daraus multiple Störungen und soziale Phobien. Wir generalisieren dann gerne und nehmen so gar nicht mehr wahr, dass wir nicht immer Angst haben. Wir entwickeln das Gefühl, dass uns alles Angst macht, und dieses Gefühl weitet sich immer mehr aus. Das ist das mögliche Ende unseres Sozialebens.

Schau einmal, ob du dich alleine deiner Angst stellen kannst, ob du private oder professionelle Hilfe benötigst, aber gehe den Versuch in zumutbaren Schritten ein. Hilfe annehmen ist dabei kein Zeichen von Schwäche, sondern von Stärke. In diesem Fall sollte oftmals die Hilfe durchaus professionell sein, aber vielleicht eher nicht medikamentös. Angst zu betäuben macht in meinen Augen weniger Sinn, als ihr zu begegnen.

Dieser Schritt braucht den Mut eines Löwen. Vielleicht erinnerst du dich an Alice im Wunderland. Eine der wichtigen Ressourcen ist der Mut, der reinen Herzens aufgebracht wird. Du kannst deine Angst nicht weg reden oder verschwinden lassen, aber deinen Mut fördern und dich den Aufgaben stellen. Coaching und Therapie helfen dabei, diesen Mut zu fördern. Wenn du es nicht alleine kannst, dann ist es besser, Hilfe anzunehmen, statt zu denken, wie schön die Freiheit sein könnte. Ich habe auch einige Zeit benötigt, Hilfe annehmen zu lernen. Du entscheidest, wann es an der Zeit ist. Ich empfehle dir gerne, jetzt zu beginnen, an deiner Angst zu arbeiten. Wenn dir noch ein Teil des Mutes fehlt, dann nimm Hilfe in Anspruch, denn es wird nicht einfach so besser werden.

Übung 21 Auf meine Angst zugehen

Ergründe deine Angst und durchbreche die Überzeugung, dass sie immer dein Leben blockieren würde und rund um die Uhr da ist. So trickst deine Angst dich aus. Frage dich daher zuerst einmal:

- *Wovor habe ich Angst?*
- *Wann entwickle ich das Angstgefühl und wie oft kommt es dazu?*
- *Wie und wodurch entsteht diese Angst?*
- *Kann ich die Angst steuern? Wodurch kann es besser oder schlechter werden?*
- *Was hat diese Angst in meinem Leben verändert?*
- *Könnte es einen Sinn machen, dass ich diese Angst habe?*
- *Wie könnte ich meine Angst fragen?*
- *Wie sehen andere in meiner Umgebung meine Angst?*

- *Wie sehen andere in meiner Umgebung den Sinn meiner Angst?*
- *Was würde ich anderen Menschen raten wollen, die davon betroffen wären?*

Es kann interessant sein, welche Antworten und weiteren Fragen dabei aufkommen. Nun kannst du beispielsweise folgende Schritte gehen. Es kann durchaus sinnvoll sein, dich weiter auf professionelle Art damit auseinanderzusetzen und dir helfen zu lassen. Nachfolgend jedoch erst einmal ein paar mögliche erste Schritte:

- *Versuche herauszufinden, was ein erster kleiner Schritt sein kann, sich der Angst zu stellen.*
- *Frage dich, ob du dabei Hilfe brauchst, einen ersten kleinen Schritt zu gehen.*
- *Versuche, dich in zunächst ganz kleinen Schritten deiner Angst zu stellen. Ganz am Anfang kannst du in der Theorie bzw. in Meditation oder Trance üben.*
- *Denke daran, dass du nicht zu etwas verpflichtet bist. Zwinge dich nicht, lade dich nur ein, dein Experiment zu starten.*
- *Wenn du es kannst, gehe erste Schritte in der Praxis.*
- *Angst baut sich auf und bleibt dann auf einem Plateau, bevor sie sich wieder abbaut. Versuche es, dich der Angst so lange zu stellen, wenn du kannst. Dabei kannst du auf einen festen Punkt schauen, mit*

Zeigefinger und Mittelfinger einer Hand auf den Solarplexus klopfen und versuchen, bewusst zu atmen.

- *Wenn du merkst, dass du die Kontrolle nicht mehr hast, verlasse die Situation und warte 20-30 Minuten. Dann kannst du reflektieren und einen neuen Anlauf wagen.*

- *Notiere gerne deine Erfolge. Solltest du alleine nicht zurechtkommen, ist das ganz normal. Dann brauchst du Unterstützung auf professioneller Basis. Die ist oftmals wichtig für den Anfang. Lass dich davon nicht entmutigen, sondern nimm diese Hilfe an.*

22. Arbeitsleben, Beruf und Finanzen

"Ein Beruf ist das Rückgrat des Lebens."
Friedrich Nietzsche

Bist du glücklich in deinem Beruf? Wie erlebst du deine Arbeit und wie geht es dir finanziell? Wenn du mit diesem Teil deines Lebens zufrieden bist, kannst du - wie immer - das Kapitel überspringen. Du kannst jedoch schauen, ob du vielleicht noch etwas findest, was dir weiterhelfen kann oder dir neue Fragen stellen. Du musst nicht mit jedem Bereich deines Lebens hadern. Dein Beruf kann und darf dich glücklich machen, du darfst aber auch die Arbeitssituation hinterfragen.

Wie erlebst du deine Arbeit? Bist du dankbar, wenn du Feierabend hast oder magst du deinen Beruf und deinen Arbeitsplatz? Es ist einer der großen Anteile in deinem Leben, also sollte es dich zufrieden machen. Dabei ist nicht wichtig, was andere Menschen denken, sondern was du empfindest. Wenn du zufrieden bist, aber deine Frau, Mutter oder sonst wer andere Ansprüche hätte, dann wäre da Potential, um ein Gespräch zu führen oder eine belastende Beziehung zu überdenken, sie vielleicht sogar zu beenden. Wenn du deinen Job gerne machst, dann genieße es. Selbst dann, wenn du gerne an der Stanzmaschine stehst, was einige Menschen nicht als erfüllend empfinden würden, genieße deinen Beruf. Frage dich gerne, ob du nicht lieber einen anderen Beruf ausüben würdest und welche Möglichkeiten du hast. Wenn du dich verändern möchtest, beginne heute und nicht morgen damit. Bist du glücklich und meinst, du müsstest dich wegen anderer Menschen verändern, beginne gerne heute damit, einfach du zu sein und beruflich dort zu bleiben, wo du bist.

Wenn du mit deinem Beruf deinen Lebensunterhalt ausreichend verdienen kannst, dann genieße es. Was dich glücklich macht, ist für dich richtig. Das bestimmen niemals andere Menschen, sondern nur du. Wenn deine Finanzen dir ausreichen, aber dein Partner ständig etwas Neues braucht und du kein Interesse daran hast, jede Woche neue Dinge zu kaufen, sag es. Der kann dafür selbst sorgen und braucht dich nicht zum Sklaven zu machen. Hier ist jedoch auch wichtig, dass jeder Mensch Aufmerksamkeit benötigt und auch Dinge, die einen glücklich machen. Das dürfen sicherlich auch materielle Dinge sein, die das Herz erfreuen. Es kann nur nicht sein, den Partner für das eigene Ego zum Arbeitssklaven zu degradieren. Vielleicht zeigt er dir so an, dass andere Dinge in der Partnerschaft fehlen wie Aufmerksamkeit, Zuneigung, Wärme und Liebe.

Es kann auch sein, dass du selbst deinem Ego zu viele Sachen erlauben musst, damit du das in dir nicht ausreichend vorhandene Glück durch materielle Dinge betäuben kannst. Lade dich ein, kennenzulernen, was du wirklich brauchst und was vielleicht vollkommen unnötiger Luxus ist, für den es sich nicht lohnen würde, arbeiten zu gehen. Wenn du nur auf einem finanziell höheren Niveau anders leidest, wird dich das nicht glücklich machen, sondern du lernst nur die Selbstbetäubung immer weiter zu perfektionieren.

Ich habe früher teilweise sehr viel Geld verdient und war unglücklich. Ich habe Berufe ausgeübt, die eine Qual waren. Irgendwann hatte ich den Mut, dies zu hinterfragen und habe mein Leben geändert. Durch diese Entwicklung lebe ich heute einen Beruf, der mich erfüllt und glücklich macht und der mir Chancen bietet, mich selbst weiter wachsen zu lassen. Entdecke, was dich glücklich macht und finde deinen Weg. Ich kann dir sagen, dass es sich lohnt, sich zu verändern. Nicht „ankommen" ist wichtig, sondern das „gehen" zu genießen.

Übung 22 Finanzen und Beruf

Frage dich das Folgende und überdenke, welche Konsequenzen die Antwort für dich haben kann:

- Bin ich mit meinem Beruf zufrieden?
- Wie gefällt mir die derzeitige Position?
- Welche Träume sind beruflich unerfüllt?
- Welche von diesen Vorstellungen und Träumen sind meine eigenen und welche die, die ich für andere Menschen erfüllen will bzw. die ich von anderen Menschen übernommen habe?
- Wie zufrieden bin ich mit meinen Finanzen und wo muss ich sofort handeln?
- Was möchte ich mir beruflich und finanziell wirklich erfüllen und was ist nur eine Betäubung im Außen?

23. Freundschaft

"Freundschaft fließt aus vielen Quellen, am reinsten aus dem Respekt."
Daniel Defoe

Ich habe viele Jahre lang keine Freunde gehabt und wusste nicht, wie man wirkliche Freundschaften pflegt. Ich war immer von Menschen umgeben, aber doch einsam. Die gesellschaftliche Stellung und Geld erschienen mir wichtig, damit andere Menschen mich bewundern. Das erschien mir sinnvoll und gut. Es hatte nichts von echter Begegnung, Freundschaft oder Zuneigung. Ich war alleine und einsam. Heute habe ich den Luxus, von wunderbaren Menschen umgeben zu sein, die mir die Augen öffnen, ehrlich sind und die ich wirklich liebe und denen ich von Herzen aufrichtig danken möchte, dass sie mir so viel Nähe und Wärme geben.

Was bedeutet Freundschaft für dich? Ich glaube, viele Menschen wissen gar nicht was es bedeutet, wirklich befreundet zu sein, oder sie haben idealisierte Vorstellungen von etwas, das sie gerne leben würden, aber nie gelebt haben. Befreundet sein bedeutet, einander die Augen zu öffnen, sich ehrlich und offen zu begegnen, aufmerksam für sich und den anderen zu sein und einander respektvoll zu begegnen. Es geht nicht immer um Blutsbruderschaft und die Werte, die in vielen Büchern hochgehalten werden. Manche Dinge werden in der Literatur überhöht und idealisiert dargestellt, die wir so nicht leben müssen. Auch hier haben wir vielleicht einen übergroßen Anspruch. Wenn wir diesem nicht gerecht werden können, versuchen wir erst gar nicht etwas anderes. So beginnen wir nicht einmal damit, echte Freundschaften aufzubauen, weil sie uns scheinbar nicht gut genug sind. Wir verbittern, ziehen uns zurück und vereinsamen. Befassen wir uns einmal mit ein paar wichtigen Punkten zum Thema Freundschaft und schauen uns danach ein paar Fragen an, die dir vielleicht helfen können, das Thema Freundschaft neu anzugehen.

Freundschaft hat keinen Anspruch auf Ewigkeit. Du musst mit keinem Menschen dein ganzes Leben befreundet sein, und niemand ist dir in dieser Hinsicht verpflichtet. Menschen verlassen uns durch Trennung, Tod oder durch bestimmte Lebensumstände. Es ist vollkommen in Ordnung, dass dabei auch Freundschaften nicht mehr so bleiben, wie sie sind. Manches im Leben ändert sich, ordnet sich neu und wandelt sich. Die ganze Theorie der Evolution basiert nur darauf. Sei dankbar für den

Freund, der bei dir ist. Ebenso sei dankbar für den Freund, der an deiner Seite war und den, der es noch sein wird. Wenn das Leben sich ändert, ändern sich auch die Personen in unserem Leben. Es ist nicht schlimm, wenn man mit jemandem befreundet war und sich dann die wichtigen Personen in unserem Leben ändern. In einer Partnerschaft entwickeln sich neue Präferenzen, die manche Freundschaft weniger wichtig oder vielleicht unmöglich werden lassen. Manchmal ist das einfach der Lauf der Zeit. Vielleicht ist nach einer ersten Phase der großen Liebe auch ein neuer Anlauf in Sachen Freundschaft möglich. Lass es zu, dass sich dein Leben entwickeln darf.

Die Schulter zum Ausweinen ist nicht der Freundschaftsdienst Nummer Eins. Wenn Menschen dich nur benutzen, damit sie sich um nichts mehr kümmern müssen oder dir sogenannte Freundschaftsdienste abverlangen, die dich von deinem Leben abhalten, dann sprich es offen aus. Sei offen und ehrlich zu deinen Freunden, denn das haben sie verdient. Dazu gehört auch, dass du nicht dabei assistieren musst, wenn eine Freundin sich selbst zerstört oder sich bei dir darüber ausweint, dass sie in einer ausweglosen Lage ist, die sie ganz klar absehen konnte. Wenn Menschen klar vor Augen haben, dass es an ihrem neuen Wohnort in 15 km Umkreis keinen Arbeitgeber gibt, dort nahezu niemand wohnt und nur drei Mal täglich ein Bus fährt, ist die Wohnung falsch gewählt, weil ich kein Auto habe und dort vereinsame. Es ist dann nicht die Schuld des Arbeitsamtes oder der bösen Umwelt, es war einfach nur taktisch unklug. Du bist nicht verpflichtet, dir als Freundin anzuhören, dass es ihr deswegen schlecht geht. In der Wüste darüber zu weinen, dass es kein Wasser gibt, ist recht unsinnig. Dabei zu assistieren ist kein Freundschaftsdienst. Hier ist es unsere Aufgabe, Freunde einmal zu wecken und ihnen zu zeigen, wo unsere Grenze ist.

Freundschaft bedeutet Offenheit, Uneigennützigkeit und Aufrichtigkeit. Das solltest du jedoch in Grenzen ausüben. Es geht nicht darum, sich aufzuopfern, Freundschaft geht immer nur auf Augenhöhe bzw. in Kongruenz miteinander. Freunde können sehr unterschiedlich sein, sie können aber andere interessante Qualitäten haben. Freunde müssen sich nicht ähnlich sein wie Zwillinge es sind. Freunde dürfen sich unterscheiden und das könnte sogar ihre Anziehung begründen. Ich habe das Glück Menschen ganz unterschiedlicher Ausrichtungen in meinem Freundeskreis zu haben und bin dafür sehr dankbar. Aus dieser Vielschichtigkeit entsteht ein so wunderbares Patchwork Muster, welches mein Leben bereichert, dass es immer wieder eine Freude ist, eine neue Schattierung wahrzunehmen, die bislang unentdeckt war.

Übung 23 Was ist Freundschaft für mich?

Du kannst dir mit den nachfolgenden Fragen helfen, deine Freundschaften zu hinterfragen und deine Einstellungen zu überdenken:

- *Wer sind meine wirklichen Freunde?*
- *Was macht meine Freunde aus und begegnen wir uns angemessen?*
- *Was sind eher Menschen, die keine Freunde sind, und warum ist das so? Wieso bezeichnen wir uns als Freunde, wenn es nicht so ist?*
- *Bei welchen Freundschaften lasse ich mich ausnutzen, und wo nutze ich zu sehr aus?*
- *Mit wem sollte ich das Gespräch suchen, damit ich klären kann, wie wir unsere Freundschaft auf eine ehrliche Basis stellen können?*
- *Welche Freunde habe ich vielleicht vernachlässigt, bei denen ich mich noch einmal melden könnte? Das gilt sogar, wenn dort noch etwas zu klären oder zu verzeihen ist.*

24. Liebe, Partnerschaft und Ehe

„Und manchmal,
während wir so schmerzhaft reifen,
dass wir beinahe daran sterben,
erhebt sich aus allem,
was wir nicht begreifen,
ein Gesicht und sieht uns strahlend an."
Rainer Maria Rilke

Wie denkst du über Liebe? Liebe ist nicht Forderung und Verhandlungssache. Eine Partnerschaft oder eine Ehe hingegen ist sicherlich verhandelbar und hat mit Kompromissen zu tun. Wenn Liebe aber nicht die Basis hierfür ist, dann haben wir schon verloren. Liebe und Partnerschaft, Ehe und Treue, diese Begriffe sind oft Bezeichnungen für Leid, Verwirrung, Abhängigkeit und Zwang. Liebe ist etwas, von dem uns über die Jahrtausende ein Bild erschaffen wurde, das oft aus Leid und Trauer besteht, aus falschen Idealen und Wertvorstellungen.

Die Mutterliebe ist das höchste gesellschaftliche Gut, die Liebe des Vaters wird vollkommen unterbewertet in unserer Gesellschaft. Ich bin selbst Vater und ich habe bis zum heutigen Tage nicht einen Kuss von meiner Tochter bekommen. Oft habe ich sie nicht gesehen, aber ich liebe sie aus vollem Herzen. Nichts wünsche ich mir mehr, als dass sie das irgendwann spüren und wahrnehmen kann. Damit möchte ich die Mutterliebe nicht abwerten, aber Väter können ebenso lieben, auch wenn das zumeist ignoriert wird. Das sage ich sogar im Wissen darum, dass ich meinen Vater nicht einmal erkennen würde, wenn er vor mir stünde, obwohl wir viele Jahre nebeneinander gewohnt haben. Auch dir, meinem Vater, verzeihe ich und ich lade dich zu einer herzlichen Umarmung ein.

Die Kirche predigt uns die Liebe Gottes, und insbesondere die katholische Kirche lehrt uns, dass wir sündig auf die Welt kommen. Wir lernen, dass Liebe Hingabe bedeutet und der Tod des Märtyrers eine ideale Vorstellung von Liebe und Hingabe ist. Wir werden dazu erzogen, dass Harakiri unverständlich ist, verehren aber eine Gottheit, die ebenso starb.

Die Liebe in Literatur und Film steht dem in nichts nach. Romeo und Julia und viele andere Liebesgeschichten werden doch erst schön durch den Tod. Liebe über den Tod hinaus, wie bei Orpheus und Eurydike, hat kein Glück verdient. Es ist so, dass wir Menschen nur dann wertvoll erscheinen, wenn wir uns für die Liebe opfern. Werthers Selbstmord aufgrund unerfüllter Zuneigung ist ein anderes, aber durchaus ähnliches Beispiel.

Wahre Liebe ist in dem, was uns so gezeigt wird, nicht zu finden. Sie wird gleichgesetzt mit Egoismus, Gier, Prestige, Neid und Missgunst. Wir bekommen von Beginn an falsche Werte vermittelt und wachsen fast ohne aufrichtiges soziales Umfeld auf. Wir lernen nicht, was Liebe bedeutet, sondern wie wir uns anzupassen haben. Wir sehen zu, wie Beziehungen der Eltern und des sonstigen Umfelds entweder im Rosenkrieg zerbrechen oder auf Lügen basierend weitergeführt werden. Daraus können wir kein Bild der Liebe ableiten. Bei einigen Naturvölkern oder buddhistischen Mönchen können wir noch eine selbstlose Liebe feststellen. In unserer zivilisierten Welt scheint kein Platz dafür zu sein, wir verachten Liebe ohne Bedingungen und Forderungen.

Als Kind lernen wir bereits, dass wir uns Liebe zu verdienen haben. Wir drohen Kindern nach einer Trennung sogar damit, zum anderen Elternteil zu müssen, sollte es sich nicht nach unseren Regeln verhält. Damit zwingen wir diesem Kind schreckliche Dinge auf. Es bedeutet, dass ich nur geliebt werde, wenn ich mich richtig verhalte. Sollte ich dazu nicht bereit sein, werde ich zu diesem bösen Menschen gegeben, zu dem der eine Teil selbst keine Beziehung mehr hat. Dieser Mensch muss ja böse sein, sonst wäre er doch da und würde sich um mich kümmern. Das sind Bilder, die wir in unseren Kindern erzeugen, die keine wirkliche Liebe als Grundlage haben, sondern es sind Zeugnisse unserer eigenen Hilflosigkeit und mangelnden Liebe und Selbstreflektion. Aus der Elternliebe wird Terror. Kinder werden darauf konditioniert, dass sie nur Liebe bekommen, wenn sie sich an die Regeln halten, die ihre Eltern oder ein Teil davon aufstellen. Wie sollte ein Mensch, der so abgerichtet wird, in späteren Beziehungen anders reagieren können? Wahrscheinlich wird jeder Mensch eher die gewohnte Schablone übernehmen, in der er sich zu bewegen gelernt hat.

Wenn wir uns das vor Augen halten und schauen, was wir von Liebe und Partnerschaft, Ehe, Treue und Beziehung für Vorstellungen haben, dann könnten wir beginnen, nach einer Bestandsaufnahme diese Wirrungen zu lösen. Denken wir nicht auch, dass wir geliebt werden müssen, obwohl wir uns nicht selbst anerkennen können? Wir lieben uns selbst oftmals nicht und haben keine Ahnung von dem, was uns liebenswert macht. Ein anderer

Mensch soll das nun für uns übernehmen: uns treu und aufrichtig so lieben, wie wir es nicht können.

Wir kennen uns selbst nicht, und wir wissen kaum, wer unser Partner ist. Wann sind wir aufrichtig zu uns selbst? Jeder von uns hat schon einmal daran gedacht, etwas anderes anzuziehen, zu essen, mal etwas alleine zu unternehmen, sexuell auszubrechen oder noch ganz andere Dinge kennenlernen zu wollen. Wir denken, das ginge nicht, weil man ja so nicht denkt und weil das unserem Partner und der Beziehung nicht gerecht würde. Haben wir uns schon einmal gefragt, ob wir ohne diese Träume leben wollen? Und was, wenn unser Partner auch solche Gedanken hat und vielleicht lange mit uns gemeinsam das neue Leben genießen könnte? Wir sind nicht offen miteinander, und wir können nicht offen über uns sprechen. Wir denken, weil wir wissen, wie unser Partner seinen Kaffee trinkt, wüssten wir alles über ihn. Dabei glauben wir nicht daran, dass er genau die gleichen Dinge unterdrückt, wie wir es tun. Wir sind nicht ehrlich und authentisch, weil wir nicht den Mut haben, uns zu zeigen.

Beobachten wir uns selbst und die Menschen, die uns wichtig sind. Verlassen wir die Vergangenheit und werden aufmerksam für das Jetzt. Das Jetzt ist die einzige Zeit, in der wir uns befinden und je befunden haben. Wann scheint der Mensch glücklich zu sein, und was würde ihn vielleicht glücklicher machen? Was steckt vielleicht hinter der lustigen Bemerkung, und wie kann ich es herausfinden? Mag sie wirklich diese Blumen oder war das eher die Lieblingsblume meiner Mutter oder darf ich mir vielleicht nicht eingestehen, dass ich diese Blumen schön finde? Verabschieden wir uns von der Inbesitznahme eines anderen Menschen und beginnen wir, wieder zu beobachten und wahrzunehmen, was wirklich ist.

Verabschieden wir uns davon, dass wir in dieser Beziehung Sicherheit bekommen wollen, denn sie ist ein trügerisches Gut. Eine Beziehung soll uns nicht Sicherheit geben, denn die gibt es nicht. Wenn wir nach Sicherheit streben, haben wir schon verloren. So, wie die Perfektion die Kreativität ausschließt, so schließt die Sicherheit die aufrichtige Liebe aus. Ich habe hierzu ein schönes Gespräch mit Sue im Blumenladen gehabt, die mit ihren Kundinnen über Kränze aus Kugeln sprach. Diese sprachen davon, wie langweilig es sei, diese Kugeln einfach nur in drei Kreise auszulegen und zu verkleben. Sue hingegen habe eher schlecht gearbeitet, weil die Form des Kranzes nicht perfekt sei. Daraufhin meinte sie, dass es genau darum ginge. Es geht nicht darum, dass die Ringe perfekt liegen, sondern dass man diesen Kranz mit Freude zusammenstellt und sich von seiner Idee leitet lässt. Die Form entsteht ohne festes Bild während der Arbeit, eher zufällig als absichtlich. Es geht nicht um Sicherheit und Perfektion, sondern um Flow, geschehen lassen, leben, Aufmerksamkeit und Aufrichtigkeit. Wohnungen, Menschen, Beziehungen, alles besteht nicht idealerweise aus geraden Linien und klaren, einfachen Strukturen. Ein Buch ist auch nicht besser, wenn die Zeichen sortiert und seitenweise aufgereiht werden. Die Wahl der Worte, der Abstände und die Art der Zeichensetzung haben eine Bedeutung. Es gibt Menschen, die das anspricht und solche, bei denen es nicht so ist. So dürfen auch unsere Beziehungen geschaffen sein.

Vertrautheit und Intimität sind aus Vorstellungen entstanden, die wir uns gebildet haben. Menschen haben sehr unterschiedliche Beziehungsmuster gelernt und geben sich dann nicht zu erkennen. Wir denken, dass wir bereits wissend sind und uns an das Gelernte halten können. Dabei vergessen wir zu leben. Wir verpassen die Chance, uns neuen Dingen zu öffnen, auf die Partnerin zu achten und das Leben aus vollen Zügen miteinander zu genießen.

Wirkliche Liebe hat kein Motiv und fordert nicht. Liebe gibt Raum und Freiheit. Das ist die grundlegende Basis der Liebe. Dadurch können wir unseren Umgang mit Partnerschaft, Kindern, Familie und Freunden hinterfragen.

Interessant ist hier die griechische Vorstellung der Dreiteilung der Liebe. Es gibt drei Möglichkeiten, im Griechischen von Liebe zu sprechen: Agape, Philia und Eros. Agape ist die Liebe zu allem, ohne Bezug zu einem Objekt. Philia ist die Liebe unter Freunden und Eros die leidenschaftliche Liebe. Wirkliche Liebe ist dabei wohl eher Agape. Das ist die Liebe, die keinen Bezugspunkt braucht, die einfach nur wahrgenommen wird und da ist. So können wir jeden Baum und jede Blume lieben, jeden Menschen und jedes Tier, einfach nur um seiner selbst willen. Übrigens: so kannst du auch dich selbst lieben, ohne etwas von dir zu fordern.

Übung 24 Was ist Liebe für mich?

Stelle dir gerne dazu die folgenden Fragen:

- *Was macht mich liebenswert?*
- *Wer sind mir liebe Menschen und was macht sie aus?*
- *Wie denke ich über die Liebe?*
- *Wie möchte ich gerne über die Liebe denken?*
- *Wie glücklich bin ich mit meinen Beziehungen und wie ehrlich sind diese?*

- *Was möchte ich gerne in meiner Partnerschaft ändern?*
- *Kann ich die Kommunikation in meinen Beziehungen neu entfachen und dem Leben neue Türen öffnen und somit Variationen ausprobieren?*
- *Wie ist meine Liebe zu meinen und anderen Kindern bzw. Eltern?*
- *Wo kann ich mehr Liebe geben, ohne zu fordern?*

25. Untreue als Chance nutzen

"Die meisten Menschen wollen nicht eher schwimmen, als bis sie es können." Ist das nicht witzig? Natürlich wollen sie nicht schwimmen! Sie sind ja für den Boden geboren, nicht fürs Wasser. Und natürlich wollen sie nicht denken; sie sind ja fürs Leben geschaffen, nicht fürs Denken!"
Hermann Hesse: Der Steppenwolf

Treue bzw. Untreue ist immer wieder ein Beratungsthema, das vielleicht zentrale Thema der Paartherapie und vieler Beziehungen. Auch wenn es in den Bereich der Partnerschaft fällt, so ist meines Erachtens der Untreue ein separates Kapitel zu widmen. Untreue ist nicht so böse wie sie scheint, wenn wir einen anderen Umgang damit pflegen. Dazu sind gute Voraussetzungen: Selbstreflektion, Offenheit, Kommunikation und Aufrichtigkeit und ein Fehlen von Sicherheitsbestrebungen. Wenn sich diese Dinge einstellen, dann ist Untreue die Chance auf eine glückliche und wunderschöne Beziehung, vielleicht sogar als die wichtigste Basis. Ich erlebe es in meinem Umfeld und in meiner Arbeit so oft, dass Treue und Untreue zentrale Lebensthemen sind, daher möchte ich dir hier einen intensiven und anderen Blickwinkel zeigen, der dir hilft, auch diesen Teil deines Gefühlslebens besser verändern zu können.

Untreue beginnt meist damit, dass wir etwas oder jemanden interessant finden. Das hat damit zu tun, dass uns etwas begegnet, was wir wahrscheinlich vermissen. Oftmals sind hier unsere Persönlichkeitsstruktur und unser aktuelles Umfeld sehr entscheidend. Jeder Mensch hat eine stärkere Ausrichtung in das ein oder andere Extrem, entweder sind wir eher introvertiert oder extrovertiert. Wir leben also entweder eher dominant und scheinbar selbstbewusst nach außen gerichtet oder eher scheinbar zurückgezogen nach innen gerichtet und bedachter. Der introvertierte Mensch bezieht seine Energie aus der Ruhe, ähnlich einem Sonnenkollektor, der extrovertierte Mensch eher aus der Bewegung, ähnlich wie ein Dynamo. Niemand jedoch ist immer und überall gleich. In den verschiedenen Bereichen des Lebens ist es so, dass wir ganz unterschiedliches Verhalten zeigen können.

Es kann vorkommen, dass jeder Partner eine der beiden Rollen fest zugewiesen bekommt. Nun möchten wir jedoch unsere Persönlichkeit vielschichtig und rund leben können. Unser Partner ermöglicht uns das vielleicht scheinbar nicht, weil sie ihre Rolle übernommen hat und uns dieser Platz dort nicht zusteht. Was nun, wenn sie ebenso unglücklich ist? Es ist eine Frage der Zeit, bis wir auf einmal in einem Augenblick, an dem es uns vielleicht besonders fehlt, das Schattenwesen unseres Partners treffen. Auf einmal zeigt sich uns jemand dort stark, wo wir gerne verletzlich wären oder dort weich, wo wir gut Härte zeigen könnten. Die Idee der Untreue entsteht, es kommt zur Anziehung. Es geht über das hinaus, was unsere Partnerschaft uns an Raum zum Ausleben gibt.

Nun kommt es darauf an, wie wir mit uns und unserem Partner umgehen. Wenn wir nun schauen, was auf einmal einen solchen Reiz entstehen lässt, könnten wir aufmerksam dafür werden, was wir brauchen. Vielleicht merken wir ja, was uns fehlt. Wenn wir nun noch unseren Partner fragen können, wie er das sieht, könnte in einer gesunden Beziehung die Möglichkeit bestehen, sich darüber auszutauschen. Vielleicht genießen es ja beide Partner, wenn die Rollen nicht klar verteilt sind und eine Vermischung entsteht. Möglicherweise ist es in einem anderen Aspekt der Beziehung so, dass unser Partner auch gerne eine Änderung wünschen würde und wir darüber auch sprechen können. Somit ist die Untreue zur Chance oder Basis geworden, mit ihr kann eine Beziehung glücklicher und erfüllter

werden. Es geht darum, nach den Ursachen zu
forschen, uns zu runden Persönlichkeiten werden zu
lassen und uns selbst lieben zu können, so wie wir
sind.

Übung 25 Wo ist der Reiz?

Frage dich gerne Dinge, wie beispielweise:

- *Was ist es, das mich außerhalb meiner Beziehung reizt?*
- *Worin könnte dieser Reiz begründet sein?*
- *Was könnte meinem Partner fehlen?*
- *Wo könnten wir aus unseren festen Rollen ausbrechen?*

26. Sexualität, Impotenz und sexuelle Unlust

„Es gibt Wichtigeres im Leben, als beständig dessen Geschwindigkeit zu erhöhen."
Mahatma Gandhi

Bist du glücklich mit deiner Sexualität? Wir sind schon viele Schritte gegangen bzw. du ganz alleine. Du hast dir schon viele Fragen gestellt und sicherlich schon einige Antworten gefunden. Lass uns nun über die Sexualität sprechen und darüber, wie man mit Impotenz, zu schneller Erektion oder sexueller Unlust umgehen kann. Sexualität mag nicht das Wichtigste in unserem Leben sein, aber ein wichtiger Bestandteil eines glücklichen Lebens ist sie ganz sicher. Daher werde ich hier sprachlich auch sehr deutlich, weil ich es angemessen finde. Du wirst das Thema zudem auch nur dann lesen, wenn es mit dir zu tun hat, sonst überspringe es gerne. Ebenso dann, wenn du hier eine sanfte Wortwahl erwartest.

„Der fickt sich doch nur selbst!" Diesen Satz habe ich einmal gehört und ich verstehe ihn gut. Viele Menschen „ficken sich selbst" und interessieren sich nicht für das Gegenüber. Dann gibt es noch die Gruppe von Menschen, die sich wie ein Fußabtreter benutzen lassen. Dabei rede ich hier nicht vom Ausleben sexueller Phantasien aus dem SM Bereich. Jeder Mensch darf sein Glück außerhalb der Norm finden, denn immer im Mittelpunkt der Norm zu sein, wäre auch nicht normal. Durch die Gaußsche Normalverteilung haben wir gelernt, dass alle Werte innerhalb des Normbereichs zur Norm zählen, auch die äußeren Extrempunkte. Niemand kann und muss innerhalb aller Normen im Mittelfeld sein. Im Bereich der Sexualität muss dies unbedingt auch gelten dürfen. Die oben genannten „Ficker" sind dabei Menschen, die sich ihrer Sexualität genau so wenig bewusst sind, wie die „Fußabtreter".

Jeder von uns darf sich in jede Rolle begeben, und man kann sich nicht gleichzeitig darum kümmern, wie es einem selbst geht und was der andere wohl gerade genießen mag. Warum geben wir uns hier nicht einmal die Chance, dass zuerst er und danach sie dran ist - oder vielleicht umgekehrt? Jeder Mensch braucht Aufmerksamkeit, auch und gerade in der Sexualität. Seit den 60er Jahren sind wir immer freier geworden. Als die Pille eingeführt wurde, begann ein neues Zeitalter. Der Hosenanzug, feministische Bewegungen und der Tampon waren nur einige Meilensteine auf dem Weg, Mann und Frau befreien zu wollen. Dabei stehen wir oftmals noch am Anfang, was Gleichwertigkeit und gesundes

Miteinander angeht. Eine schöne Sexualität erkennt alle Bedürfnisse an und gestattet es, sie auszuleben.

Hierbei kann die Untreue ein Indiz sein, was zu verändern sein könnte. Es kann sogar sein, dass Menschen Sadomasochismus genießen oder mehr als eine rein heterosexuelle Zweierbeziehung brauchen. Glück lässt sich nicht daran festmachen, dass man sich klar zu erkennen gibt und seine Männlichkeit unterstreicht, weil man jeden Ansatz der gleichgeschlechtlichen Interessen unterdrückt. Es kann nicht sein, dass wir uns in ein Korsett zwängen lassen und leben müssen, was uns vorgegeben wird.

Sexuelle Unlust hat oftmals damit zu tun, dass wir uns nicht befreien dürfen und nicht mit unseren Bedürfnissen gesehen werden. Es kann sein, dass wir sie selbst nicht sehen und verleugnen. Damit verleugnen wir einen kompletten Teil unserer Persönlichkeit. Unsere Sexualität gehört zu uns, wie ganz viele andere Dinge im Leben auch.

Impotenz entsteht oftmals aus dem Gedanken, dass wir Ansprüchen nicht genügen würden. Frauen haben nahezu immer ein Problem mit ihren Brüsten und Männer mit ihrem Penis. Wie viele Frauen lassen sich die Brüste operieren, weil sie sich dann anziehender finden? Es ist unglaublich. Jede fünfte Schönheits-OP bei Frauen ist eine

Brustvergrößerung, eine Fettabsaugung wird nur halb so häufig vorgenommen. Die Fettabsaugung ist bei jedem fünften Mann vorgenommen worden und bei jedem dritten Mann eine Lidstraffung (Deutschland; Patienten Schönheits-OP; 582 Befragte; DGAEPC). Würden Männer gefahrlos ihren Penis vergrößern können, hätten mehr als 80% der Männer eine Größe von mindestens 35 cm, was sicherlich Frauen nicht glücklich macht, da eine Vagina durchschnittlich ca. 12 cm tief ist.

Männer, die zu schnell kommen, könnten sich überlegen, dass sie sich erst einmal der Partnerin widmen und dieser Freude bereiten. Das hat noch keiner Beziehung geschadet. Da ihre Sexualität und Erregung nicht so abrupt endet, wie bei uns Männern, ist sie sicherlich recht offen und hat kein Problem damit, wenn du auch bald kommst. Und danach könnt ihr ja eine Runde weitergehen. Spätestens nach dem vierten Mal bist du nicht mehr so schnell wie zu Beginn. Was dich vielleicht tröstet, ist der Fakt, dass du mit dem Alter ohnehin an Geschwindigkeit verlierst und sich das Engagement doppelt auszahlen kann, mit dem du vorausgegangen bist.

Solltest du zu lange brauchen, so gib dir nicht vor allem Nachhilfe in Entspannung, sondern suche einen guten Ausgleich: Bewegung, nicht zu viel Kaffee und sorge gut für dich und deinen Körper. Der Gang zum Arzt ist hierbei kein Verlust an Ansehen, er ist vielleicht die Grundlage einer guten sexuellen Erfüllung. Das ist keine Schande.

Sexuelle Unlust hat oftmals damit zu tun, dass du nicht auf deine Kosten kommen kannst. Wie wäre es, wenn du die vorherigen Anregungen einmal überdenkst und schaust, ob du damit auf eine interessante Spur kommen könntest? Es kann auch sein, dass du nicht mit dir zufrieden bist und dich als ungenügend empfindest. Viele Menschen - nicht nur Frauen - zeigen sich ihrem Partner nicht natürlich und nackt, weil sie sich abstoßend finden. Du hast es verdient, deine Schönheit wahrzunehmen und zu erkennen. Du darfst schön und leidenschaftlich sein und dich so fühlen. Du musst dazu nicht auf das Cover einer Modezeitschrift passen, denn hier sind meist Menschen nicht auf natürliche Art abgebildet. Sei einfach du und lerne dich kennen, lieben und lerne dich und deinen Partner zu begehren.

Lerne darüber hinaus Berührung kennen, vielleicht erlebt ihr zusammen eine Ausbildung in Wellnessmassage, genießt Tantra oder lernt neue Wege der Toleranz, Akzeptanz und Nähe kennen. Verlasst eingefahrene Wege miteinander. Solltest du

Single sein, lade ich dich ein, diesen Weg alleine zu gehen. Es gibt so viele Dinge, angefangen bei Umarmungen mit fremden Menschen über Kuschelpartys, Pheromon Partys und Swinger Clubs, die du ausprobieren kannst. Es steht dir alles offen, was du kennenlernen möchtest. Diese Versuche kannst du jederzeit abbrechen. Das ist besser, als der eigenen Phantasie hinsichtlich Leidenschaft, Erotik und Sexualität keine Chance zu geben.

Übung 26 Meine Sexualität erforschen

Wenn du mit deiner Sexualität nicht zufrieden bist, stelle dir gerne einmal folgende Fragen:

- *Gibt es medizinische/psychologische Ursachen für meine ungenügende Sexualität?*
- *Wie ist die Rollenverteilung und entspricht die Beziehungsgestaltung meinem heutigen Ich?*
- *Komme ich auf meine Kosten, ebenso wie mein Partner?*
- *Finde ich mich unattraktiv?*
- *Was wünsche ich mir in meiner Sexualität?*
- *Wie kann ich mit meinem Partner über meine Wünsche sprechen?*

27. Wahre Ruhe, innere Stärke und Stille finden

„Wer in die Fußstapfen anderer tritt, hinterlässt selbst keine Spuren."
Che Guevara

Wir haben in den letzten Abschnitten über viele äußere Dinge gesprochen, über Beziehungsgestaltung, Liebe, Sexualität, Familie und Partnerschaft. Nun geht es zum Finale. Wir kümmern uns darum, nun zu wirklicher Erfüllung finden zu können. Es ist ein Weg, ein Prozess und eine Bewegung. Es mag hier in diesem Buch das Finale darstellen, aber es ist wie ein Klavier, auf dem du dich Oktave für Oktave durcharbeiten kannst. Diese Klaviertastatur endet nur niemals, die Töne werden immer sanfter, schöner und angenehmer, je höher du kommst. Du erlebst Verfeinerung und du wirst nicht mehr aufhören wollen, deine Wahrnehmung immer weiter zu verfeinern. So, wie du im Tai Chi niemals aufhörst, dich zu perfektionieren und deine Wahrnehmung, den Spannungsbogen und den genauen Ablauf zu verfeinern, so gilt es auch in deinem Leben. Die Wahrheit wird immer tiefer, schöner und spannender. Dabei wird alles gleichzeitig so viel einfacher und schöner, dass es dir immer mehr zur Freude wird.

Wirkliche Ruhe ist nicht Betäubung, sondern es ist das Auspendeln dessen, was du vielleicht oftmals zu verdrängen suchst. Es geht darum, dass du zu dir und in dir eine Ruhe findest, die vorher nicht da war. Weiter geht es darum, in dieser Ruhe noch tiefer versinken und dir selbst vertrauen zu können. Lasse dich auf den Fluss des Lebens und deiner Erkenntnisse ein und genieße, was du findest. Werte es nicht, sondern erkenne und achte es.

Innere Stärke ist nicht nur stark, sondern sanft und offen. Sie ist bereits in dir und wartet voller Freude auf dich und darauf, von dir gefunden zu werden. Du wirst sie finden, denn sie ist da. Und du kannst ihr vertrauen, denn sie gehört zu dir. Niemand kann sie dir wegnehmen, außer du selbst. Daher wird sie deine Verbündete, die an deiner Seite ist.

Ruhe und Stärke brauchen keine lauten Worte. Du wirst lernen, dadurch deine innere Stille zu finden, dich selbst aushalten zu können und mit dir zufrieden zu sein. Du wirst die Kraft in dir spüren, dich selbst fühlen können und mit dir selbst aufrichtig sein. Das bedeutet Stille. Das ist wahre Mitte und Liebe mit dir. Lass die Liebe aus dir aufsteigen, nimm sie wahr, fühle dich wohl in ihr und gib davon jedem Menschen so reichlich du nur kannst.

Übung 27 So gebe ich mir Kraft

Setze dich bequem hin und mache vorher noch eine Entspannungsübung. Das könnte sein: die Atemgleichgewicht-Übung aus dem Yoga, Autogenes Training, Progressive Muskelentspannung, Selbsthypnose oder eine Meditation. Oder starte gleich, nachdem du einige Minuten nur deinen Atem wahrgenommen hast.

Spüre nun bitte in deine Hände hinein, nacheinander. Frage dich dabei, was du empfinden kannst. Es muss nichts Bestimmtes sein. Alles ist richtig, so wie du es empfindest. Achte bitte darauf, ob du zum Beispiel Wärme, Kälte, Anspannung, Schmerz oder einen Pulsschlag fühlst. Wo machst du diese Empfindungen, ist es in einem oder mehreren Fingern oder an einer bestimmten Stelle deiner Hand, wie unter der Haut? Nimm einfach nur wahr und lass gerne alle Gedanken und Empfindungen zu. Widme dich nach kurzer Aufmerksamkeit wieder deiner Beobachtung der Hand/Hände.

Zuerst beginnst du bitte bei der linken Hand. Nimm Sie einfach ca. 2-3 Minuten wahr.

Dann achte bitte auf die rechte Hand, auch hier ca. 2-3 Minuten.

Nun bitte nimm wieder zuerst die linke und dann die rechte Hand wahr, aber nur circa eine Minute.

Nun spüre bitte in beide Hände hinein, bis du den Eindruck hast, dass das Gefühl sich in beiden Händen anzugleichen beginnt.

Jetzt gestatte dir, dass du deine Wahrnehmung weiter ausdehnst. Lasse zu, dass du immer mehr von deinem Körper wahrnimmst. Dehne die Wahrnehmung dieses Gefühls nach und nach aus auf deine Handgelenke, die Unterarme, Oberarme, die Schulter und weiter über den Rücken, von der Wirbelsäule aus in deinen oberen, mittleren und unteren Rücken. Nun geht es weiter über die Seiten in den Brustbereich, den Bauchraum und die Beckenregion. Danach weiter in die Oberschenkel, die Unterschenkel bis in die Füße und von dort aus nach oben bis in deinen Kopf, den es auch nach und nach erfüllt bis zum dritten Auge, das du zwischen den Augenbrauen findest. Nun gestatte, dass es sich noch weiter ausdehnen kann, bis du einen Raum so circa 10-15 Zentimeter um dich herum noch mit einschließen kannst in deine Wahrnehmung. Das ist dein Energiekörper. Auch diesen nimm wahr und bleibe eine Zeit in dieser kompletten Wahrnehmung deines Selbst.

Atme nun tief ein und entwickle die Vorstellung davon, mit der Atmung Ruhe und Gelassenheit aufzunehmen. Wenn du einatmest, atmest du Ruhe und Gelassenheit ein. Wenn du ausatmest, verteilst du sie in deinem ganzen Körper.

Lass dir etwas Zeit damit.

Atme nun tief ein und entwickle die Vorstellung davon, mit der Atmung Freiheit aufzunehmen. Wenn du einatmest, atmest du Freiheit ein. Wenn du ausatmest, verteilst du sie in deinem ganzen Körper.

Lass dir auch hier Zeit.

Atme nun tief ein und entwickle die Vorstellung davon, mit der Atmung Offenheit aufzunehmen. Wenn du einatmest, atmest du Offenheit ein. Wenn du ausatmest, verteilst du sie in deinem ganzen Körper.

Auch hier nimm dir Zeit.

Das kannst du so mit jedem Gefühl praktizieren, dass du benötigst oder mit dem, das sich gerade in einer Dysbalance befindet. Diese drei Übungen können eine Basis sein, die du nach deinen Bedürfnissen verändern kannst.

Nun spüre wieder in beide Hände hinein und achte darauf, wann das Gefühl sich wieder angleicht.

Dann komm wieder mit deinem Bewusstsein nach außen und öffne die Augen.

Diese Übung kannst du gerne mehrere Male am Tag wiederholen. Du wirst merken, dass du immer kräftiger und bewusster wirst und immer mehr zu dir selbst findest. Wenn du Kraft brauchst, weißt du nun, wie du sie dir selbst geben kannst, und du verstehst besser, dass bereits alles in dir ruht und auf dich wartet.

28. Erniedrige dich, wenn du wachsen willst.

„Wer lachen kann, dort wo er hätte heulen können, bekommt wieder Lust zum Leben."
Werner Finck

Ich war ein unglaubliches arrogantes Arschloch und so denken viele Menschen möglicherweise heute noch von mir. Egoist, Chauvinist und Menschenverachter, so werden mich viele Menschen wahrgenommen haben. Wer mich in den letzten Jahren nicht in meiner Veränderung erlebt hat, der wird mich noch so kennen und so von mir sprechen. Ich danke euch dafür und bin heute offen für Hinweise, die mich betreffen. Ich schaue, ob sie noch zutreffen und wie ich damit umgehen möchte. Dann lade ich euch ein, euch selbst wahrzunehmen und zu schauen, wie ihr mit der Außenwelt umgeht und mit euch selbst. Mein Weg hat mich zu neuen Erkenntnissen geführt und erfüllt mich mit Glück, Freude und Dankbarkeit, auch euch gegenüber.

Wir versuchen oftmals, uns besser darzustellen, als wir sind, dabei ist das der Weg, unserem Ego eine Bühne zu bieten. Das Gegenteil ist eine gute und schöne Strategie, die eigene Entwicklung voranzutreiben. Wenn du andere Menschen achtest und sie sogar über dich selbst stellen kannst, zeigst du Größe und du erhöhst dich selbst durch diese Form von Erniedrigung.

Du wächst nicht an dir oder vor anderen Menschen, solange dein Ego dich dazu treibt, wichtiger sein zu wollen und dich immer weiter in den Mittelpunkt zu stellen. Du darfst gesehen und wahrgenommen werden, aber nimm auch andere Menschen wahr und danke ihnen für das, was sie sind, was sie tun und was sie leisten. Wenn du auf die Verkäuferin, den Briefträger, den Schuhputzer, den Bettler, den Polizisten, die Krankenschwester und jeden Menschen aufmerksam und achtsam zugehst, dann wirst du vielleicht ganz unglaubliche Dinge feststellen.

Ich stand vor ein paar Wochen an der Kasse und war wirklich verträumt. Es kamen ein paar Männer an, die einen Sonderposten kaufen wollten, um diese Ware in ihrem Kiosk anbieten zu können. Zu dem aktuellen Aktionspreis konnten sie sogar im Großhandel nicht einkaufen. Sie gingen hin und luden alles auf das Band und hatten gleich mehrere volle Einkaufswagen dabei. Nahezu die gesamte Ware dieser Aktion hatten sie für sich gesichert und wollten diese kaufen. Als die Kassiererin sich nicht sicher war, ob das in diesen Mengen zulässig sei, erkundigte sie sich. Ihr wurde gesagt, sie dürfe diese Aktionswaren nicht in diesen Mengen an einen Kunden abgeben. Die Herren reagierten ziemlich wütend, ließen die Sachen stehen und gingen. Die Frau war betroffen und wusste zunächst nicht, was sie tun sollte. Sie bat die Kunden, sich woanders anzustellen, bis sie das geregelt habe. Daraufhin bot ich ihr an, ihr zu helfen. Ein paar andere, die ich zur Mithilfe gewinnen konnte, und ich hatten das Chaos schnell beseitigt. Sie lachte strahlend und bedankte sich bei mir dafür. So etwas habe noch niemand für sie getan. Ich sagte ihr, dass es dann endlich einmal Zeit geworden wäre, und wünschte ihr einen schönen Tag. Die gute Laune wirkte ansteckend und ergriff auch die anderen Menschen. Und ich fühlte mich auch den ganzen Tag richtig gut, wegen dieser fünf Minuten. Ich hätte auch sauer sein und fordern können, dass ich als nächster an der Kasse bedient werde. Die Frage ist nur, wem das geholfen hätte? Sicherlich niemandem.

Wenn wir uns nicht in den Vordergrund stellen, zupacken und anderen Menschen zeigen, wie wichtig sie sind, werden wir davon profitieren. Dabei geht es nicht um materiellen Profit, der ist an dieser Stelle vollkommen unwichtig. Es geht darum, die Freude im Herzen zu finden und sie zu teilen. Anerkennung zu geben ist eben auch Liebe geben. Liebe geben, ist Liebe aussäen. Was wir säen, werden wir ernten. Und Liebe schmeckt besser, als jedes Gericht, das ich kenne. Ich lade dich ein, davon zu kosten.

Übung 28 Erachte alle Menschen als wichtig

Überlege einmal, welche Menschen vielleicht besondere Aufmerksamkeit brauchen. Vielleicht fallen dir Menschen ein, denen du ohne Absichten eine Blume schenken kannst, kurz helfen oder etwas für sie erledigen kannst. Zögere doch nicht und biete deine Hilfe, dein Lachen und deine Aufrichtigkeit an, ohne dabei aufzurechnen. Du wirst dich jeden Tag gut dabei fühlen. Achte nicht auf Gegenleistungen, sondern darauf, dass du meinst, es würde einem Menschen Freude machen, wenn du gut zu ihm bist. Sei aufrichtig, freundlich und mitfühlend. Nimm dich dabei selbst nicht so wichtig, und du wirst merken, dass du im Leben anderer Menschen wichtig bist.

29. Ist der Tod wirklich das Ende?

„Nicht den Tod sollte man fürchten, sondern dass man nie beginnen wird, zu leben."
Marcus Aurelius

Viele Menschen habe ich verloren, meine Mutter und viele andere liebe Menschen in meinem Leben werde ich noch verlieren und auch ich werde gehen. Es ist unabänderlich, unser Leben ist nur geliehen und nichts gehört uns für immer, nicht einmal unser Körper. Wollen wir immer in der Angst leben, liebe Menschen zu verlieren und selbst sterben zu können? Ich habe keine Angst mehr vor dem Tod und lade dich dazu ein, diese ebenso zu verlieren. Viele andere Ängste werden sich mit der Todesangst verabschieden.

Wenn eines in unserem Leben feststeht, dann ist es der Tod. Gewöhne dich gerne daran, es wird dir das Leben leichter machen. Viele Menschen fragen sich, ob es ein Leben nach dem Tod gibt. Die Frage nach dem Leben bis zu diesem Zeitpunkt dürfen wir uns auch stellen. Gib dir die Chance, dein Leben kennenzulernen. Dann denke gerne darüber nach, wie du den Tod erlebst. Jeder von uns wird

Menschen verlieren, die ihm lieb und wichtig sind. Das trifft uns mit ungeheurer Wucht und macht uns betroffen. Es erinnert uns an die eigene Sterblichkeit. Angeblich sind wir die einzigen Wesen, denen klar ist, dass sie sterben werden.

Ist der Tod denn nun wirklich das Ende oder nicht? Was denkst du? Ich persönlich bin überzeugt, es ist hier ähnlich dem Energieerhaltungssatz in der Physik. Energie wandelt nur die Form, sie wird nicht mehr oder weniger, sie verändert sich einfach nur. Wenn wir das auf den Begriff der Lebensenergie übertragen, könnte das sehr hilfreich sein. Möchtest du probieren, wie Energie die Form wandelt? Befasse dich doch mit der Schönheit der Veränderung des Lebens durch die Evolution. Ist es nicht wunderbar, wie sich alles stetig verändert? Was nun, wenn du ein Teil dieses Prozesses bist und der Tod die Grundbedingung des Lebens? So verstehst du dich als Teil des Kosmos, der Liebe, des Ganzen. Dann kannst du nichts mehr verlieren, selbst wenn dein Körper stirbt. Spüre in dich hinein und schaue, was du davon finden kannst und welche Wahrheit du darin erkennen kannst.

Es mag nie einen guten Zeitpunkt geben, an dem man gehen kann oder an dem ein anderer lieber Mensch geht, aber es braucht die Möglichkeit der

Neubildung des Lebens. Nur so besteht das Leben fort. Es macht keinen Sinn, wenn es sich nicht entwickeln darf. Versuche, den Lauf der Dinge anzunehmen, und erstarke bei dem Glauben daran, dass wir nicht vergehen und das Leben nicht endet. Suche deinen Weg und achte darauf, dem Leben und dem Tod Aufmerksamkeit zu schenken. Begleite Menschen auf ihrem letzten Weg in dieser Gestalt und achte darauf, dass sie friedlicher werden und es annehmen können. Auch du wirst das können. Deswegen musst du dein Leben nicht jetzt schon mit Trauer füllen, nur weil du die Hülle ablegst und eine andere Form annimmst. Vielleicht kann dir diese Vorstellung helfen, deine eigene Überzeugung zu finden und das Leben vor dem Tod im Hier und Jetzt zu genießen. Dazu hast du das Recht.

Übung 29 Was ist der Tod für dich?

Wie stehst du dazu und wie viel Angst macht es dir zu sterben? Setze dich doch einmal damit auseinander, was dir daran Angst macht und gehe darauf zu. Du wirst sicherlich spüren, dass du ohne Angst leben kannst, wenn die Angst vor dem Tod zu schwinden beginnt.

30. Das Tao

„Das Tao, das man greifen kann, ist nicht das Tao."
(Laotse)

Das Tao zu beschreiben ist vielleicht möglich durch das Denkmodell des „negierten Tetralemmas". Das Tetralemma ist eine Argumentationsform, die in Indien innerhalb der Gerichtsbarkeit benutzt wurde und heute noch ein Grundgedanke sein kann, der neue Lösungen bietet.

Das negierte Tetralemma geht auf Nagurjana zurück. Er machte systematisch Gebrauch von einem besonderen Argumentationswerkzeug, dem „Urteilsvierkant", mit dessen Hilfe er logische Widersprüche in den Postulaten seines philosophischen Umfeldes aufzuzeigen und zu dekonstruieren versuchte. Das bezeichnen wir heute als negiertes Tetralemma.

Er wollte damit die buddhistische Lehre wieder als einen konsequenten Weg der Mitte begreifbar machen, der alle dem Erkenntnisprozess entgegenwirkenden unheilsamen Ansichten - insbesondere den „Ewigkeitsglauben" und die

„Vernichtungslehre" - grundsätzlich ausschließt. Gleichzeitig bemühte er sich, diese Auffassung gegen die zu seiner Zeit verbreiteten Schulmeinungen zu verteidigen. Die Weiterentwicklung der Lehre von den „Zwei Wahrheiten" zählt zu den von Nagarjuna geleisteten Beiträgen, die ihn vor allem in den Traditionen des Vajrayana und des Zen nach Buddha zu einem der einflussreichsten buddhistischen Denker indischer Herkunft machen.

Folgende Aspekte sind im Tetralemma relevant:

- Konfliktpartner A und der jeweilige Standpunkt.
  - Entweder
- Konfliktpartner B und der jeweilige Standpunkt.
  - Oder
- Beide haben recht (mit ihren jeweils dahinterliegenden Werterhaltungen).
  - Sowohl als auch
- Keiner hat recht. Die Lösung liegt außerhalb der vertretenen Standpunkte.
  - Weder noch

Im negierten Tetralemma kommt der 5. Aspekt hinzu:

- All dies nicht und selbst das nicht.
  - Freies Element / Bewegungsfreiheit

o Weisheit

Das freie Element sorgt hier für eine Unterbrechung des Musters vom „Hin und Her" des Konflikt- und Problemerlebens.

Das Element der Weisheit könnte hier synonym verwendet werden mit folgenden Begriffen:

- Inneres Wissen
- Intuition
- Körperweisheit
- Unbewusstes / unbewusster Anteil
- Das von selbst Geschehende
- Instanz jenseits allen bewussten Wissens
- Göttliche Eingebung
- Tao

Im Verhandlungsreframing wird beispielsweise, nachdem die Teile eines inneren Konflikts separiert wurden, darauf abgezielt, eine gegenseitige Wertschätzung der Teile zu erreichen und die Lösung im „Sowohl-Als-Auch" zu finden. Am Tetralemma ist interessant, dass die Lösung auch außerhalb liegen kann, im „Weder noch" oder im „All das nicht und selbst dies nicht".

Das Tao hat keine Form, keinen Inhalt, keine Grenzen und keine Gesetze. Es ist einfach da, in dir, und du musst es nicht suchen oder erkaufen. Du kannst nur zulassen, es erkennen zu können. Es hat nichts mit Logik zu tun und nichts damit, dass du eine bestimmte Vorgehensweise brauchst, um dort anzukommen. Das führt dich nur weiter weg. Den Weg zu suchen und ankommen zu wollen hieße, deinem Ego die Türe zu öffnen. Nichts lässt dich vom Tao weiter weg sein als dein Ego. Dein Ego hat sich im Tao wohlwollend von dir verabschiedet, du brauchst es nicht mehr. Es geht um das wirkliche und wahrhaftige Leben, das Sein. Leben und Tod und alle anderen Dinge sind nicht mehr wichtig.

Du kannst dich dem Fluss des Lebens anvertrauen, denn du bist der Fluss, und der Fluss besteht aus dir. Alle sind der Fluss und du ein kleiner Teil und doch bist du alles. Du bist Gott und Gott ist in dir. Du bist das einzige Selbst und du bist nichts. Du bist alles und doch unbedeutender als jedes Sandkorn in der Wüste. Es gibt keine Vollkommenheit, du bist bereits vollkommen, dabei stellst du keinen Anspruch daran. Du bist einfach nur noch.

Übung 30 Das Tao kennenlernen

Ich möchte dir hier folgende kleine Übung vorstellen:

Eine kurze Ein-Minuten-Meditation

Gehe mit deiner Aufmerksamkeit nach und nach in dich. Gib dir die Gelegenheit, die Außenwelt nicht mehr zu wichtig zu nehmen und gestatte dir, auf deinen Atem zu achten. Versuche nicht, ihn zu beeinflussen. Achte nur auf deine Atmung, wie sie ganz von alleine geschieht. Es gilt nichts zu bedenken, nichts zu fühlen, aber auch nichts zu verdrängen. Nimm alles wahr, was in deine Aufmerksamkeit kommt. Bedanke dich dafür und lass es wieder ziehen. Gehe zurück zu deiner Atmung, die ganz von alleine geschieht. Achte nur auf deinen Atem und glaube nicht, dass es sonst etwas Wichtiges gäbe. Es gilt nur, deinen Atem zu beachten. Nach einer gefühlten Minute kommst du in deinem Tempo wieder nach außen.

31. Spiritualität und Glaube

„Manche leben mit einer so erstaunlichen Routine, dass es schwerfällt zu glauben, sie lebten zum ersten Mal."
Stanislaw Jerzy Lec

Was ist für dich Spiritualität und was bedeutet Glaube für dich? Was verstehst du zum Beispiel unter Esoterik? Ich möchte dir dazu ein paar Gedanken vorstellen, die vielleicht noch verwirrend erscheinen, aber ich glaube, du wirst klarer sehen können, wenn du hineinspürst, was du damit anfangen kannst.

Glaube ist oftmals etwas, das an Regularien gebunden ist. Glaube und Kirche werden oft synonym verwendet. Kirche ist der institutionalisierte Glaube, der instrumentalisiert wird, um darauf etwas zu begründen, das den Grundsätzen des Glaubens meist eher entgegensteht. Oftmals begegnen mir Esoterik in der Form des Glaubens an Engel und Heilsteine in einer Form, in der man von außen zuführen möchte, was innen fehlt. Ich lehne es nicht ab, sich eine Stütze zu schaffen, die vielleicht befristet ist. Es kann sein, dass ich einen Halt brauche, bevor ich meinen Mut weiterentwickeln kann. Engel, Steine und Helferwesen der Phantasie sind sicherlich besser als destruktive Beziehungen. Ich lade dich ein, gelegentlich zu überprüfen, was dir den Rückhalt geben soll, den du noch nicht hast. Wenn du dann forschst, könntest du interessante Antworten finden.

Du versagst dir nichts im Tao. Je weiter du kommst, desto unwichtiger werden viele Dinge. Dadurch wirst du nicht Heiliger und nicht fromm, sondern du kommst bei dir an und bist in der Realität. Und du brauchst keinen Ersatz, du bist einfach nur du selbst. Doch du bist nicht das, was andere erwarten oder was du glaubst, sein zu müssen. Die Erleuchtung stellt sich nach und nach ganz unmerklich ein und wird von dir als solche gar nicht wahrgenommen. Auf einmal besteht dein Leben nur noch aus Liebe, Freude, Offenheit, Aufmerksamkeit, und viele Dinge sind Nebensache geworden.

Dein Ego löst sich auf, deine Erinnerungen können dich nicht mehr behindern, du bist nur noch im Augenblick und tust alles mit Aufmerksamkeit und Aufrichtigkeit aus vollem Herzen. Beobachte dich selbst, deine Gedanken und genieße das Leben im Hier und Jetzt. Sei einfach nur da und lasse alle anderen Dinge und Lebewesen auch einfach da sein, und alles Unwichtige um dich herum wird versinken.

Übung 31 Mein Glaube und meine Spiritualität

Ich möchte dich hier einladen, keine Übung zu machen, sondern nach deinem Glauben und deiner Spiritualität zu forschen und dich zu hinterfragen, was das für dich bedeutet. Finde deinen eigenen Bezug zum Glauben und zur Spiritualität.

32. Anderen Menschen helfen

„Am Ende gilt doch nur, was wir getan und gelebt - und nicht, was wir ersehnt haben."
Arthur Schnitzler

Wenn du anderen Menschen helfen möchtest, dann achte dabei auf dich. Es ist gut, für andere Menschen da zu sein, aber du solltest dabei darauf achten, dass du der Aufgabe gerecht wirst und ihr gewachsen bist. Wenn du anderen Menschen helfen möchtest, frage sie bitte zuerst, ob sie deine Hilfe wünschen. Gehe nur so weit, wie sie deine Hilfe benötigen bzw. annehmen und ihr einen respektvollen Umgang miteinander habt. Achte darauf, dass du nicht eigene egoistische Ziele verfolgst. Wenn du beispielsweise zu der Tochter deiner Freundin deswegen gut bist, weil du den Kontakt zu deiner eigenen Tochter vermisst, könnte das allen Beteiligten schaden. Es könnte sich dadurch an dir rächen, dass es dich jeden Tag traurig sein lässt, weil etwas fehlt. Das spürt deine Tochter ebenso, wie die Tochter der Lebensgefährtin. Du darfst lieb und aufmerksam sein jedem Menschen gegenüber, aber du solltest dadurch keine leidende Beziehung zu unterdrücken versuchen. Achte in diesem Fall auf alle Beteiligten und gib jedem, was du möchtest und für richtig empfindest. Ich habe selbst auch zu spät bemerkt, wie wichtig mir meine Tochter ist, deswegen ist auch dieses Beispiel nicht zufällig. Ich wusste nie, was einen Vater ausmacht, da ich meinen bisher nicht kennenlernte. Woher sollte ich ein Vater sein können? Ich wünsche mir, es zu lernen und für meine Tochter endlich da zu sein. Es fehlt mir und es hat mir immer gefehlt. Es lässt uns beide unvollständig sein, dass wir keine gesunde Beziehung zueinander haben. Es wird ein wichtiger und zentraler Punkt meines Lebens sein, hier Änderung zu bewirken, weil ich verstanden habe, wie sehr ich meine Tochter liebe und was sie mir bedeutet. Ich hoffe, sie wird das irgendwann einmal verstehen können und den Hass und die Traurigkeit in sich, als Mahnung an die eigenen Gefühle nutzbar machen können.

Schütze dich selber ausreichend und schau, dass es allen Beteiligten so gut wie möglich geht. Grenze dich ab und achte auf dich und deine Gesundheit, körperlich und seelisch. Opfere dich nicht auf, um von deinen Problemen abzulenken, lasse dich nicht ausnutzen und nutze nicht aus. Verweise an kompetente Fachleute oder bilde dich weiter, wenn du dich dazu berufen fühlst.

Übung 32 Helfe ich richtig und angemessen?

Stelle dir gerne die nachfolgenden Fragen:

- *Helfe ich wirklich, wenn es richtig und angemessen ist?*
- *Verfolge ich eher meine Ziele, statt die des Menschen, dem ich helfen wollte?*
- *Wie weit gehe ich und wann gehe ich zu weit?*
- *Schütze ich mich selbst?*
- *Achte ich auf meine Bedürfnisse, Ängste und Sorgen?*

33. Lerne loslassen, lachen, singen und tanzen

„Wer keinen Sinn im Leben sieht, ist nicht nur unglücklich, sondern kaum lebensfähig."
Albert Einstein

Nun hast du alle wichtigen Fragen bereits bearbeitet, so sollte man meinen. Jetzt beginnt ein neuer Teil. Das ist der Teil ohne Übungsaufgaben und ohne Fragestellungen. Du kannst immer wieder die Fragen durcharbeiten und immer wieder schauen, ob du noch neue Erkenntnisse finden kannst. Der wichtigste Teil ist jedoch der, bewusst zu leben, zu lachen, zu singen und zu tanzen. Nimm dir Zeit für Aufrichtigkeit, das Leben, die Liebe zu allem was dir begegnet, spüre in dich hinein und zeige, dass du lebst. Genieße mit allen Sinnen das wahre Leben und lache aus deinem Herzen heraus. Du musst nicht mehr sein, als du bist, und du brauchst nichts zu lernen und keinen Glauben anzunehmen. Du bist richtig, so wie du bist. Lehne nichts an dir ab. Schaue in den Spiegel, liebe dich aufrichtig und sei einfach du selbst. Sei offen für dich und die Welt, und du wirst jede Übung durch Offenheit ausreichend gut erledigen können.

Übung 33.1 Begrüße das Leben in dir auf deine Art

Lebe.

Übung 33.2 „Peter Pan"- Meditation bzw. Meditation deines schönsten Gedankens

Gehe mit deiner Aufmerksamkeit nach und nach in dich. Gib dir die Gelegenheit, die Außenwelt nicht mehr zu wichtig zu nehmen. Nimm deinen schönsten Gedanken wahr. (Für mich persönlich ist es, dass ich das Gefühl wahrnehme, meine Tochter an den Füßen zu kitzeln, sie wahrzunehmen und so verbunden zu sein mit ihr.) Es gilt nichts zu bedenken, nichts bewusst zu fühlen, aber auch nichts zu verdrängen. Nimm alles wahr, was in deine Aufmerksamkeit kommt. Bedanke dich dafür und lass es wieder ziehen. Gehe zurück zu deinem Gefühl. Achte nur auf dieses Gefühl und glaube nicht, dass es sonst etwas Wichtiges gäbe. Es gilt gerade nur noch dieses Gefühl in deiner Aufmerksamkeit. Nach ein paar Minuten kommst du in deinem Tempo wieder nach außen.

Danksagungen

Für mich
Sich selbst zu danken und sich voranzustellen,
erscheint sicherlich seltsam. Es bedeutet jedoch
Selbstliebe, die einen großen Teil des Buchs
ausmacht. Daher schaue ich mich selbst im Spiegel
an und mir in die Augen und bin glücklich darüber,
es nach Jahren des Versuchs geschafft zu haben.

Für meine Tochter Lea
Deinem Mut habe ich vieles zu verdanken. Ich danke
Dir, dass Du den Mut hattest, auf mich zuzugehen.
Du bringst jeden Tag Sonne in mein Leben und ich
bin glücklich, Dein Vater zu sein. Durch Dich habe
ich mich auf die Reise gemacht ein besserer Mensch
zu werden, damit ich dem gerecht werden kann, was
ich für Dich leben möchte. Ich wünsche mir, dass
diese Reise uns verbinden mag und dass diese
Verbindung etwas Besonderes ist, was nach langen
Jahren der Entbehrung wachsen darf. Ich liebe Dich.

Für Claudia
Ich danke Dir von Herzen und voller Liebe für
unsere gemeinsame Zeit damals und jetzt. Du warst
immer ein ganz besonderer Mensch, der mich sehr
tief berührt hat. Ich bedaure, dass wir Umwege
machen mussten und viele Jahre der Odyssee erlebt
haben, die uns aus heutiger Sicht genutzt haben.

Mein zentrales Thema der letzten Jahre war die Selbsterkenntnis und die Selbstliebe. Nach mehr als zehn Jahren möchte ich auch Dir dieses Buch zum Geschenk machen zusammen mit den Erkenntnissen, die ich auf meinem Weg bislang erwerben durfte.

Für Ernie
Dankeschön, dass Du mir Steine in den Weg geworfen hast und mir klar gemacht hast, dass ich mich auf den Weg zu mir machen muss, weil ich sonst niemals glücklich werde. Du hast einmal gesagt, dass ich ein Buch schreiben soll. Dir verdanke ich es, dass ich den Mut gefunden habe, damit anzufangen.

Für meine Mutter
Du bist ein herzlicher und besonderer Mensch und ich danke Dir dafür, dass du so viel für mich getan hast und mir immer zeigen wolltest, dass man ehrlich und aufrichtig leben soll. Es ist Dir viel mehr gelungen, als dir bewusst ist und als ich Dir je gesagt habe. Dir verdanke ich mein Leben und SEHR viele schöne Momente darin.

Für meine Oma
Du warst immer für mich da und hast mir Wege zu den Engeln gezeigt, zu denen Du nun selbst gehörst. Nach all den Jahren, die ich dich vermisse, möchte

ich Dich immer noch fast täglich anrufen und mit
Dir reden, Dich in den Arm nehmen und küssen.

Für meinen Vater
Du warst nie für mich da. Aber ich habe verzeihen
gelernt. Ich lade dich ein, Dich um deiner Selbst
willen der Liebe und Verbundenheit zu öffnen, wenn
du es möchtest. Ich werde es gerne annehmen.

Für meine Familie
Ich kenne das Wort Familie fast nicht. Es hat für
mich keine schöne Bedeutung, denn Familie ist für
mich immer sehr fragil gewesen. Immer wurde
Familie zerstört und ich wusste lange Zeit nicht,
wohin ich gehöre. Ich lade Euch alle ein, diese
Wunden bei euch heilen zu lassen und bin für jede
Begegnung offen.

Für Robert
Freundschaften können immer mal auf die Probe
gestellt werden und vieles ändert sich. Einige
Menschen sind jedoch immer wieder in mein Leben
getreten. Du bist ein ganz besonderer Freund, vor
dem ich eine ganz besondere ehrliche Hochachtung
habe. Schön, dass unsere Freundschaft weiter
gewachsen ist und Veränderungen durchlebt hat, die
ihr dienen.

Für Peter

Mein lieber Kumpel Peter, ich danke Dir, dass wir einfach beide immer so sind, wie wir sind und das mit Nähe und Abstand immer wieder gleichermaßen gesund erleben können. Wir haben unsere Freundschaft immer freigelassen und so nie verloren.

Für Pino

Der bescheidenste Mensch, den ich kenne. Du hast ein reines und authentisches Herz, das du jedem Menschen öffnest und auch ausschüttest. Ich danke dir herzlich für Deine Freundschaft.

Für Otto-Bernd und Karin

Eure Liebe war so wunderbar. Sie hat mich bereichert und belebt. Es ist schön, dass man solche Freunde haben darf bzw. durfte. Man lernt an Liebe glauben zu wollen, wenn man sie sehen darf. Ich danke euch dafür, dass ich es in Euch sehen durfte.

Für Melanie

Du hast eine wunderbare und natürliche Menschlichkeit. Du verzauberst Alle, wenn du einen Raum betrittst. Deine herrliche, vollkommen normale Art ist etwas Wunderbares, so herrlich unschuldig und zugleich so erwachsen, liebevoll und offen. Jede Begegnung mit Dir ist Balsam für mein Herz, das unmittelbar deinetwegen zu lächeln beginnt. Danke, dass Du das Buch mit mir zusammen in die abschließende Form gebracht hast. Es hat durch Dich an Wert gewonnen und du bist maßgeblich an seiner Entstehung beteiligt, wie Du weißt.

Für Wolfram
Du hast mir einmal gesagt, dass ich mehr auf Menschen zugehen und mich weniger um Tiere kümmern sollte. Bei deinem Beruf beeindruckend. Ich danke Dir zudem dafür, dass du meine Entschuldigung angenommen hast.

Für Anke
Ich danke Dir für unsere Tochter Lea. Lass uns einen gemeinsam besseren Weg finden, in gegenseitigem Respekt und Freiheit für sie da zu sein.

Für Ben
Danke, dass du so herzerfrischend authentisch bist, du Multitalent. Und ich entschuldige mich nochmals für den Verdacht des Versicherungsvertreters. Es ist schön, Dich als Freund zu haben.

Für Lila
Dir danke ich dafür, dass du so tiefe Veränderungen durchlebst. Es ist schön, die Sonne in Dir aufgehen zu sehen und zu erleben, wie deine Liebenswürdigkeit immer heller durch Deine schönen großen Augen strahlt. Du gehst einen guten

Weg und ich danke Dir dafür, dich gelegentlich begleiten zu dürfen.

Für Nicole
Du warst eine enge und wunderbare Freundin. Ich vermisse nicht nur Deine wundervolle Stimme sondern vor allem Deine emotionale Nähe und unsere Verbundenheit. Ich wünsche uns, dass wir das wieder gesunden lassen können.

Für Monika
Dein leidenschaftliches Lektorat hat mich viele Punkte nochmals überdenken lassen und dein Engagement bei der Mitarbeit hat mich beflügelt. Ich danke Dir herzlich für deine liebevolle und aufmerksame Mitarbeit, die meinem Buch mehr Tiefe und Wahrheit gegeben hat.

Für Walter
Mein lieber Freund und Kollege Walter Müller hat viel zu meinem Buch beigetragen. Unsere gemeinsamen Gespräche sind immer wieder eine Quelle der Freude.

Danke an meine Familie, meine Freunde, Klienten und Kursteilnehmer, die mir ans Herz gewachsen sind und die ich auf ihrem Weg begleiten durfte und darf. Ihr habt mich bereichert, und ich hoffe, es geht euch ebenso. Ich wünsche mir, dass ihr euren eigenen Weg gerne geht. Viele Menschen habe ich nicht persönlich erwähnt. Manchmal hatte es mit Diskretion zu tun oder damit, dass ich denke, es würde euch nicht interessieren. Ich könnte noch zig Menschen erwähnen, die in meinem Leben sehr wichtig waren. Ich habe Dankbarkeit und eine Verbindung zu euch in meinem Herzen.

Danke an die berühmten Persönlichkeiten, die ich kennenlernen und von denen ich lernen durfte. Viele eurer Worte und Gedanken sind sicherlich zu meinen geworden. Sollte ich das nicht entsprechend erwähnen, dann, weil ich mir die Worte selbst angeeignet habe und sie als meine ansehe. Daher bedanke ich mich gleich jetzt bei Frau Prof. Dr. med Luise Reddemann, Dr. Gunther Schmidt, Dr. Manfred Lütz, Dr. Ruediger Dahlke, The Scary Guy, Dr. Frank Kinslow, Byron Katie, Dr. Timothy Jennings, Robert Betz, Louise L Hay, Cheryl Richardson, Dr. Luc Isebaert, Bernhard Trenkle, Pater Dr. Anselm Grün, sowie der Aachener Zeitung bzw. den Aachener Nachrichten, für die ich immer wieder als Experte schreiben darf. Ebenso bedanke ich mich bei Silvia Wollny und ihrer Familie. Unsere Zusammenarbeit zeigte mir eine aufrichtige und ehrliche Frau, die viel mehr zu bieten hat, als man im Fernsehen erkennen kann.

Danke an alle, denen ich begegnen durfte und noch begegnen darf, die mein Leben inspiriert und bereichert haben. Da, wo ich es am wenigsten erwartet habe, kam sehr viel, was mich bereichert hat. Danke an alle, die mein Leben begleitet haben und mich auf meinen Weg gebracht haben. Ich danke nicht nur denen, die mir gut getan haben, sondern auch allen, die mein Ego gereizt haben, sich zu zeigen. Ich danke euch dafür, mich wach und bereit zu machen, meinen Weg gehen zu wollen. Ich nehme mir unsere Begegnungen in Dankbarkeit aufrichtig zu Herzen.

Über den Autor

Arno Ostländer, Jahrgang 1968, ist ein aus Radio, TV und Presse bekannter Coach und Berater, der beispielsweise als Experte für die Aachener Zeitung und Aachener Nachrichten schreibt. Er war im TV unter anderem tätig als Berater von Silvia Wollny (Die Wollnys - Eine schrecklich große Familie). Darüber hinaus bloggt er zu vielen interessanten Themenbereichen und ist in vielen Medien gefragter Interviewpartner.

Der Versicherungsfachwirt und frühere Vertriebstrainer hat kurz nach erreichen seines vierzigsten Lebensjahres aus einer tiefen Lebenskrise heraus sein Leben auf neue Beine gestellt. Er hat seither zahlreiche Ausbildungen absolviert und sehr viele berühmte Persönlichkeiten getroffen, mit denen er gearbeitet hat. Sein Ansatz ist hypnosystemisch, lösungsorientiert und konstruktivistisch.

Gerade absolviert er seinen NLP Master Coach und bereitet sich auf die Heilpraktiker Prüfung vor. Er arbeitet mit Einzelpersonen, Familien, Gruppen und Firmen im niederländischen Vaals bei Aachen.

Kursangebote und Vorträge

Arno Ostländer leitet Selbsterfahrungs-Kurse und
Seminare, zum Beispiel in der Technik der
Quantenheilung, der Hypnose und gibt vegane
Kochkurse. Weitere Hinweise, Termine und
Kontaktmöglichkeiten findest du unter
www.paramedius.com.

Literaturhinweise / Quellenverzeichnis

Die nachfolgenden Bücher haben zu meinem Buch beigetragen und es möglich gemacht. Ich lege die Lektüre dieser Bücher allen Lesern ans Herz. Sie haben mir viel bedeutet, und das hat sich nicht geändert.

- Brené Brown „Verletzlichkeit macht stark"
- Frank Kinslow und Beate Brandt "Das QE®-Praxisbuch: Mit allen Original-Übungen"
- Luise Reddemann „Psychodynamisch Imaginative Traumatherapie PITT - Das Manual: Ein resilienzorientierter Ansatz in der Psychotraumatologie"
- Martin Seligman „Pessimisten küsst man nicht, Optimismus kann man lernen."
- Melanie Joy „Warum wir Hunde lieben, Schweine essen und Kühe anziehen: Karnismus - eine Einführung"
- Theo Fischer „Wu Wei - Die Lebenskunst des Tao"

Empfehlungen:

Die wunderbaren Zeichnungen meines Freundes Pino möchte ich dem Leser empfehlen, der reinen Herzens Freude verschenken möchte, die mit Liebe und Hingabe in die gedruckte Form gefunden hat.

„Der Ferd" ist das Markenzeichen von Pino Juliano und immer noch Handarbeit, die aus der Seele stammt.

Der Ferd had fier beiner
an jede seite einer
und hatt er mal keiner
umfallt

Mehr unter: www.der-ferd.de

Walter Müller, Persönlichkeitstrainer und Selbstfindungscoach

Nachfolgend zwei Buchtitel meines Freundes Walter Müller:

Dein Kompass zum Glück
ISBN-10: 1482712091
ISBN-13: 978-1482712094

Du bist das Glück: Handbuch zum neuen Bewusstsein
ISBN-10: 1480294667
ISBN-13: 978-1480294660

Mehr zu ihm und seiner Arbeit unter:

www.walter-müller.com und
www.facebook.com/SelbstfindungsCoach

Zusammenfassung

Hast du immer schon Antworten auf die Fragestellungen deines Lebens gesucht? Wie wäre es, wenn du dir stattdessen einmal selbst neue und interessante Fragen stellen darfst? Arno Ostländer, der aus Presse, TV und Radio bekannte Coach und frühere Vertriebstrainer, hat hier einen sehr wohlwollenden und sanften Ansatz. Lerne aufmerksam und respektvoll, dich immer gezielter auf den Weg zu machen und dich und dein Leben kennenzulernen.

Schau dir anstelle einer genauen To Do Liste die Fragestellungen und Übungen an, die dich auf den Weg zu dir bringen können. In diesem Buch ist der vielleicht behutsamste Weg zu einem neuen Selbst vor allem aus einem Grund niedergeschrieben: es geht darum, dass du mit Freude einen neuen Weg gehen lernst, der in deinem Tempo dazu führt, dass du dein Leben verändern kannst. So ist es dir möglich, aus Überzeugung und anhand von Erfahrungen neue Erkenntnisse zu sammeln, die dein Leben bereichern können. Zwinge dich nicht zu einem neuen Leben. Frage dich lieber, was gut für dich ist und dann integriere es.

Du wirst in diesem Buch viele Anregungen und Fragestellungen finden, die dir helfen können zu spüren, was dein wirklicher Weg im Leben ist. Integriere es auf deine Weise sanft in dein Leben und genieße die Bereicherungen, die du selbst in dein Leben bringen kannst. Du kannst viel mehr als du glaubst, und du bist viel mehr als ein Problem, das dich belastet. Du kannst lernen, dich ganz wahrzunehmen und Zugang zu deiner eigenen inneren Kraft und Stärke zu finden.

Printed in Great Britain
by Amazon

46120425R00156